KB200193

천국 바로 알기

천국 바로 알기

지은이 | 황명환
초판 발행 | 2022. 1. 26
2쇄 | 2022. 3. 8
등록번호 | 제1988-000080호
등록된 곳 | 서울특별시 용산구 서빙고로65길 38
발행처 | 사단법인 두란노서원
영업부 | 2078-3352   FAX | 080-749-3705
출판부 | 2078-3331

책값은 뒤표지에 있습니다.
ISBN 978-89-531-4133-9 03230

독자의 의견을 기다립니다.
tpress@duranno.com www.duranno.com

두란노서원은 바울 사도가 3차 전도여행 때 에베소에서 성령 받은 제자들을 따로 세워 하나님의 말씀으로 양육하던 장소입니다. 사도행전 19장 8~20절의 정신에 따라 첫째 목회자를 돕는 사역과 평신도를 훈련시키는 사역, 둘째 세계선교(TIM)와 문서선교(단행본잡지) 사역, 셋째 예수문화 및 경배와 찬양 사역, 그리고 가정·상담 사역 등을 감당하고 있습니다. 1980년 12월 22일에 창립된 두란노서원은 주님 오실 때까지 이 사역들을 계속할 것입니다.

황명환 지음

교회를 다니지만
여태껏 알지 못했던
천국 이야기

천국 바로 알기

Knowing
about Heaven
in a right way

두란노

어떤 분이 저에게 "목사님, 인류 역사의 목적이 무엇입니까?" 라고 물었습니다. "왜 갑자기 그런 질문을 저에게 하세요?" 하고 반문하자 그분은 "하나님이 세상을 만드셨는데, 언젠가는 역사를 끝낼 것이라고 하셨잖아요? 없앨 것을 뭐 하러 만드셨나, 그런 생각이 들어서요"라고 대답했습니다. 그래서 그분에게 이렇게 대답했습니다.

"듣고 보니 이해가 됩니다. 그런데 역사의 목적은 너무나 복잡하고, 또한 다양한 대답이 있지만, 아주 간단하게 말한다면 하나님의 백성을 천국에 보내기 위한 훈련 과정입니다."

하나님은 전지전능하십니다. 그러므로 천사 중에서도 가장 높은 천사인 루시퍼가 타락할 것을 아셨습니다. 피조물은 하나님이 베푸신 모든 은혜를 값없이 누리다 보면 교만해지고, 하나님께 영광을 돌리기보다 오히려 자신이 영광 받기를 원하게 되는 한계가 있다는 것을 하나님은 아셨습니다. 창세전에 사탄이 타락할 것이고, 타락한 사탄이 또 인간을 타락시킬 것을 아셨으며, 그래서 타락한 인간을 구원하기 위해 예수 그리스도를 구원자로 이 세상에 보내기로 예정하셨습니다.

하나님은 사탄의 타락을 막지 않으셨고, 처벌하셨지만 바로 지옥에 가두지 않으시고, 오히려 세상의 임금이 되게 하셨습니다 (요 12:31). 왜 그렇게 하셨을까요? 지옥에 가두셨다면 아담이 타락하지 않았을 텐데, 그러면 예수님도 세상에 오실 필요가 없었을 텐데 말입니다. 하지만 하나님이 이 모든 일을 허락하신 데는 분명한 이유와 목적이 있습니다.

창세기 3장 15절에는 아담이 타락한 후에 하나님이 타락한 인간을 어떻게 구원하실 것인지에 대한 말씀이 나옵니다.

내가 너로 여자와 원수가 되게 하고 네 후손도 여자의 후손과 원
수가 되게 하리니 여자의 후손은 네 머리를 상하게 할 것이요 너
는 그의 발꿈치를 상하게 할 것이니라 하시고 창 3:15

이를 신학에서는 '원복음'(the proto-evangelium)이라고 말합
니다. 하나님이 타락한 인간을 구원하기 위해 예수님을 보내겠다
고 하신 약속입니다. 원복음에서는 예수님이 십자가를 지신 이유
를 인간이 타락했기 때문이라고 설명합니다. 문제는 이 경우 예수
님의 십자가는 인간의 타락 때문에 생겨난 어쩔 수 없는 방법이
었다는 말이 됩니다.

그러나 신약 성경 에베소서 1장 4절은 이렇게 말합니다.

곧 창세전에 그리스도 안에서 우리를 택하사 우리로 사랑 안에서
그 앞에 거룩하고 흠이 없게 하시려고 엡 1:4

하나님은 '창세전에', 즉 인간을 창조하시기 전에 '그리스도

안에서' 우리를 택하셔서 그 앞에 거룩하고 흠이 없게 하려 하셨다는 것입니다. 그러므로 십자가 사건은 아담의 타락 후에 결정된 것이 아닙니다. 하나님은 창세전에 이미 십자가 사건을 예정하셨습니다.

> 오직 은밀한 가운데 있는 하나님의 지혜를 말하는 것으로서 곧
> 감추어졌던 것인데 하나님이 우리의 영광을 위하여 만세 전에 미
> 리 정하신 것이라 고전 2:7

십자가 사건은 하나님이 '만세 전에'(before time began), 즉 인간을 창조하시기 전에 미리 정하신 일입니다. 그런데 감추어져 있었습니다. 이것을 '하나님의 신비'(the mystery of God)라고 부릅니다 (계 10:7).

예수님이 세상에 오셔서 십자가에 죽으시고 부활하심으로 우리를 구원하시는 사건을 역사 속에서 행하신 이유는 하나님의 자녀들에게 창조 목적을 훈련시키시기 위해서입니다. 창조 목적은

모든 피조물이 하나님께 영광과 감사를 올려 드리는 것입니다.

내 이름으로 불려지는 모든 자 곧 내가 내 영광을 위하여 창조한
자를 오게 하라 그를 내가 지었고 그를 내가 만들었느니라 사 43:7

우리가 장차 이 세상을 떠나 영원한 천국에서 살게 된다는 것
이 얼마나 놀라운 하나님의 은혜입니까! 하나님은 아들까지 우리
를 위해 주셨습니다. 그래서 예수님이 세상에 오시고, 십자가에
죽으시고, 부활하셔서 우리를 구원해 주셨습니다. 이 사건이 엄
청난 은혜의 결과임을 알고 하나님께 영광을 돌리는 것이 창조의
목적입니다. 우리가 얼마나 자격 없는 존재인지, 그럼에도 우리를
위한 하나님의 희생과 사랑이 얼마나 크고 놀랍고 처절한지를 깊
이 깨닫고 영원히 잊지 않게 하려는 것입니다.

하나님은 이 일을 위해 타락한 인간을 시간 속으로 내려보내
시고, 타락한 루시퍼를 도구로 사용하시어 하나님의 자녀들이 창
조 목적을 마음에 깊이 새기고 철저하게 순종하도록 훈련시키려

하셨습니다. 그 훈련 도구로 사탄과 이 세상의 역사를 사용하신 것입니다. 그래서 역사의 끝에 있을 사건을 기록하고 있는 요한계시록은 이렇게 말합니다.

> 이 일 후에 내가 보니 각 나라와 족속과 백성과 방언에서 아무도 능히 셀 수 없는 큰 무리가 나와 흰옷을 입고 손에 종려 가지를 들고 보좌 앞과 어린양 앞에 서서 큰 소리로 외쳐 이르되 구원하심이 보좌에 앉으신 우리 하나님과 어린양에게 있도다 하니 모든 천사가 보좌와 장로들과 네 생물의 주위에 서 있다가 보좌 앞에 엎드려 얼굴을 대고 하나님께 경배하여 이르되 아멘 찬송과 영광과 지혜와 감사와 존귀와 권능과 힘이 우리 하나님께 세세토록 있을지어다 아멘 하더라 계 7:9-12

하나님은 우리를 위해 천국을 만드시고, 우리가 천국에서 영원히 살게 하시려고 만세 전에 계획하셨습니다. 이 일을 위해 허락하신 것이 세상의 역사입니다. 그리고 하나님은 아들까지 주셨습니다. 정말 드라마틱하고 장엄하며 감동적이지 않습니까!

천국은 우리의 소망이며 신앙생활의 목적입니다. 그리고 영원한 고향입니다. 우리의 미래입니다. 두 종류의 나그네가 있습니다. 순례자와 방랑자입니다. 순례자는 목적지가 분명한 나그네이고, 방랑자는 목적지가 불분명한 나그네입니다. 인간의 진정한 목적지는 어디일까요? 영원한 고향, 미래적인 고향, 바로 천국입니다. 신앙인들은 천국을 사모하며 살아갑니다. 아니, 인생이라는 것이 바로 천국에 가기 위한 훈련 과정입니다. 그러니까 인간은 이 땅에서 잠시 살도록 만들어진 존재가 아니라, 영원을 사모하며 하나님과 살게 되어 있는 존재입니다.

천국이 성경의 핵심인데, 왜 우리는 천국을 말하지 않을까요? 왜 어색해하고 주저할까요? 천국에 대해 말해 보라고 하면 아무 말도 하지 못합니다. 우리는 목적지를 잃었기 때문에 현실에 몰입하는 삶을 살아갑니다. 꿈을 잃어버렸기 때문에 현재에 올인하는 삶을 살아갑니다.

이제 우리의 인생을 다시 살펴보고, 죽음을 넘어서는 천국을 바라보아야 합니다. 허황된 천국이 아니라 성경이 말하는 그대로의 천국, 잘못된 망상에 근거한 천국이 아닌 건전한 성경 해석에 기초한 실제적인 천국을 이해해야 하고, 사모해야 하고, 바라보아야 합니다.

천국에 대하여 이제 첫 작품을 내어놓습니다. 이 책이 천국의 이미지를 형성하는 데 사용되기를 바랍니다. 하나님이 우리에게 약속하신 천국이 진정 존재하며, 그곳이 어떤 곳인지가 우리의 마음에 새겨지기를 기도합니다. 이처럼 엄청난 일을 계획하시고 실행하시고 우리를 천국으로 인도하시는 주 예수 그리스도와 성부 하나님, 그리고 오늘도 그 나라를 우리에게 보증해 주시는(고후 5:4-5) 성령님, 삼위일체 하나님께 영광을 올려 드립니다.

2022년 1월

수서 동산에서

황명환

Chapter 1

천국은 정말 있는가

¹ 너희는 마음에 근심하지 말라 하나님을 믿으니 또 나를 믿으라 ² 내 아버지 집에 거할 곳이 많도다 그렇지 않으면 너희에게 일렀으리라 내가 너희를 위하여 거처를 예비하러 가노니 ³ 가서 너희를 위하여 거처를 예비하면 내가 다시 와서 너희를 내게로 영접하여 나 있는 곳에 너희도 있게 하리라 ⁴ 내가 어디로 가는지 그 길을 너희가 아느니라 요 14:1-4

◆　천국, 말로 다할 수 없는 곳　◇◇◇◇◇◇◇◇◇◇◇◇◇

어떤 교회의 집사님이 담임목사님을 찾아가서 진지하게 질문했습니다.

"목사님, 정말 천국은 있습니까?"

그 집사님은 목사님이 "물론이지요. 천국은 확실히 있습니다"

라고 답하자 "알겠습니다. 감사합니다. 그럼 가 보겠습니다" 하더니 곧장 일어나는 것이 아니겠습니까. 목사님이 "아니, 왜 가시려고요?" 하자 집사님은 "네, 천국만 확실하면 됩니다"라고 했습니다. 그 말을 듣는 순간, 목사님은 뭔가 문제가 있다고 생각해 대화를 이어 갔습니다.

"집사님, 잠시만 앉으세요. 신앙생활 잘하시는 집사님이 천국에 대해 확인하신 데는 이유가 분명히 있을 텐데 말씀해 보세요. 무슨 일이 있어요?"

목사님의 물음에 집사님은 이렇게 대답했습니다.

"저는 지금까지 윤리와 도덕을 배웠지만 그것은 힘이 없었습니다. '이렇게 살아라', '저렇게 살아라' 말은 많이 하지만 제 삶이 흔들릴 때 다 소용이 없었습니다. 하지만 천당과 지옥, 이것만 확실하면 원수도 사랑할 수 있고, 세상이 아무리 험해도 넉넉히 참고 견딜 수 있다는 생각이 들었습니다. 그래서 믿을 수 있는 분에게 천국에 대해 확인하려고 목사님을 찾아온 것입니다. 이제 대답을 들었으니 되었습니다."

역사 이래로 모든 사람이 천국에 대해 관심을 가졌습니다.

모든 지역, 문화, 민족이 그들 나름대로의 천국을 말했습니다. 2007년 10월의 갤럽 여론 조사에 의하면, 미국 성인의 80퍼센트가 천국을 믿는 것으로 조사되었습니다. 예수님을 믿는 성도들이 천국에 관심을 가지는 것은 당연합니다. 그런데 종교가 없는 사람들, 무신론자들도 천국을 상상하며 기대하고, 그런 곳이 있다면 가고 싶어 합니다. 왜 모든 사람이 천국을 기대할까요?

하나님은 인간에게 '영원을 사모하는 마음'을 주셨습니다(전 3:11). 그래서 불신앙이 판치는 이 시대에도 영원에 대한 갈망은 사그라지지 않습니다. 세상이 허탈하고 공허감이 깊어질수록, 삶이 허무하고 고통이 많아질수록 그것을 채워 주는 천국에 대한 갈망은 더욱 커집니다.

그런데 왜 사람들이 말하는 천국은 똑같지 않고 서로 다른 것일까요? 이유가 있습니다. 인간의 상상력 때문입니다. 상상력 자체는 좋은 것입니다. 그러나 올바른 기초 위에 세워지지 않은 상상력은 문제가 많습니다. 왜냐하면 인간의 마음이 부패했기 때문입니다.

> 만물보다 거짓되고 심히 부패한 것은 마음이라 누가 능히 이를 알리요마는 렘 17:9

인간의 마음이 부패하여 하나님을 거부하지만, 그렇다고 해서 하나님이 주신 영적인 갈망 자체가 사라질까요? 아닙니다. 그 갈망은 없어지지 않고 왜곡됩니다. 그래서 부패한 인간은 자기 생각에 맞는 가짜 신을 만들어 냅니다. 그것이 우상입니다. 사람들은 나름대로 신을 섬긴다고 생각하지만, 자아가 만들어 낸 신을 숭배하는 것이므로 사실은 자아를 숭배하는 것입니다.

그러므로 거짓 종교는 무신론보다 한층 더 잘못된 것입니다. "신은 없다"는 부정으로 끝나는 것이 아니라, "이것이 신이다" 하며 가짜 신을 만들어 내기 때문입니다. 가짜 신만 만드는 것이 아닙니다. 그것으로는 부족하니까 가짜 천국도 만들어 냅니다. 그래야 종교가 성립되기 때문입니다. 그래서 종교마다 천국이 다릅니다. 이런 천국, 저런 천국 등 다 비슷해 보이지만 아주 다릅니다. 그러니 천국에 대한 신뢰가 떨어지는 것입니다. 무신론자인 마이클 셔머(Michael Shermer)는 《천국의 발명》(아르테)에서 이렇게 말했습니다.

"천국은 인간의 발명품이다. 다양한 문화마다 천국이 다른 이유는 천국에 대한 믿음이 인간의 본성과 문화에 뿌리를 두었음을 말한다. … 하늘 위에도, 땅 위에도 천국은 없다. … 천국이란 무엇인가? 무의미한 우주에서 의미를 찾는 행동이다. 그러므로 천국과 지옥은 하늘 위에 혹은 우리 발밑에 있는 것이 아니라, 우리 내면 혹은 우리 주변에 있다. 우리는 자신의 목적을 스스로 창조하고 자신의 최선을 다함으로써, 자신의 본질과 조화로운 삶을 살아감으로써, 스스로에게 충실함으로써 천국을 만드는 것이다."

그런가 하면 법성 스님은 《마음 한번 바꾸면 거기가 극락》(삼각형프레스)이라는 책을 썼습니다. 읽어 보면 제목이 곧 내용입니다. 모든 것은 마음먹기 나름이라고 말합니다. 천당도, 지옥도 내 마음속에 있다는 것입니다. 무념무상, 열반의 상태가 천국이라고 합니다. 반면에 이슬람교의 천국은 관능의 극치입니다. 술의 강이 있고, 아름다운 여성들이 최고의 서비스로 수종을 드는 곳이라고 합니다. 이처럼 천국은 종교마다 아주 다양한 모습을 하고 있습니다.

믿지 않는 사람들이나 다른 종교를 가진 이들이 나름대로 천국은 이런 곳이라고 주장하는 것은 신앙인들이 상관할 일이 아닙니다. 문제는 예수님을 믿는 사람들이, 성경을 믿는다는 이들조차 천국에 관해 많은 오해를 하고 있다는 데 있습니다. 특별히 최근 복음주의 계통 출판사에서 출간된 천국에 관한 책들 중에서 베스트셀러에 오른 책들이 많은데, 읽어 보면 내용이 서로 다르고 허황된 부분이 너무 많습니다. 무엇보다도 성경의 내용과 많이 다릅니다.

여기서 한 가지 질문이 생깁니다. "성경에 천국에 관한 이야기가 나오는가?" 하는 것입니다. 많은 사람이 성경에는 천국에 관한 내용이 아주 없거나 거의 없다고 생각하는데, 그렇지 않습니다. 사실 성경에는 천국에 대한 내용이 기록되어 있습니다. 누가 천국에 관한 내용을 기록했습니까? 이사야, 에스겔, 다니엘, 사도 요한 등입니다. 그들은 천국을 보았고, 그들이 본 천국을 자세히 살펴보면 거의 다 일치합니다. 그런데 분량은 많지 않습니다. 천국을 이해하고 기대하기에는 충분하지만, 우리의 호기심을 만족시킬 만큼 많은 내용은 아닙니다. 왜냐하면 그들은 천국을 함부로 묘사하지 않았으며, 하나님이 기록하라고 하신 내용만 기록했기 때문입니다.

사도 바울도 셋째 하늘(천국)에 다녀왔는데, 그 기록을 남기지는 않았습니다. 단지, "어떤 사람이 셋째 하늘에 올라갔는데, 거기서 사람의 말로 표현할 수 없는 것을 보고 들었다. 그러나 말하지 않겠다" 하고는 입을 다물어 버렸습니다(고후 12장 참고). 만약 바울이 본 것과 경험한 일을 글로 썼다면 엄청난 내용이었을 텐데, 그는 왜 기록하지 않았을까요? 하나님이 기록하라고 명령하지 않으셨기 때문입니다. 천국은 인간의 언어로 표현하기에는 상상할 수 없는 곳이기 때문에(고전 2:9), 그에 관해 잘못 썼다가는 오해를 불러일으키기 쉽습니다. 그래서 하나님은 기록 목적이 분명한 경우에 한해서 기록하게 하셨고, 잘 이해하고 해석할 수 있는 사람에게만 천국을 보여 주신 것입니다.

예를 들어, 여러분과 제가 똑같이 천국을 보았다고 합시다. 그렇다고 해서 천국을 똑같이 묘사할 수 있을까요? 같은 장면이라도 다르게 묘사할 수밖에 없습니다. 천국에 있는 것은 지금 이 세상에 있는 것과 다르기 때문에 어쩔 수 없이 이미 내가 알고 있는 사물에 빗대어 설명할 수밖에 없습니다. 그래서 천국에 대한 묘사는 어려운 것입니다.

또한 사람들은 신비에 빠지기 쉽기 때문에, 하나님은 천국에 대한 호기심을 자극하는 것들은 가능한 줄이시고, 천국이 어떤 곳인지 꼭 알아야 하는 부분만 성경에 기록해 놓으셨습니다. 그러므로 천국에 대해 함부로 말하는 것은 아주 잘못된 행동입니다.

◆ 성경이 말하는 천국의 특징　◇◇◇◇◇◇◇◇◇◇◇◇◇

그렇다면 성경이 말하는 천국의 특징은 무엇일까요?

첫째, 하나님의 영광을 강조합니다. 성경에 나오는 천국은 가장 먼저 하나님의 보좌가 등장하고, 하나님의 말로 다할 수 없는 영광(세상에 의해 훼손될 수 없는, 인간의 권세와 능력이 감히 손을 댈 수 없는 크고 놀라운 영광)과 이에 대하여 찬양을 올려 드리는 모습이 나옵니다.

둘째, 하나님 앞에 선 인간의 모습이 나옵니다. 천국을 목격한 성경 속 인물들은 모두 스스로의 무가치함과 부패를 절실하게 의식하고 엎드려졌습니다.

셋째, 성경은 천국을 자세히 묘사하지 않습니다. 대신 하나님의 의로운 심판, 그리고 믿음을 지킨 성도들의 영원한 승리와 축복에 대해 자세히 말하고 있습니다. 성경이 천국을 보여 주는 이유는 이 세상이 심판을 받는다는 것을 강조하기 위해서입니다.

그런데 예수님을 믿는다는 사람들이 말하는 천국을 다녀온 이야기(꿈을 꾸었다든지 입신을 해서 천국을 다녀왔다는, 소위 천국 여행기)들에는 이 세 가지가 나타나지 않습니다. 이것이 성경에 기록된 천국과 천국 여행기가 전하는 천국의 차이점입니다.

그들의 천국 여행기에는 하나님의 영광이 없고, 자기의 죄에 대한 부끄러움도 없습니다. 그들은 천국에서 예수님과 친구처럼 놀고, 편하게 대화를 나누고, 어리광도 부리고, 예수님의 손을 잡고 뛰어다니는 등 마치 자신을 대단한 인물인 양 묘사합니다. 성경이 말하는 천국의 이미지와 전혀 다릅니다.

또한, 호기심을 자극하는 내용이 많습니다. 천국이 얼마나 화려하고 아름다운가에 집중합니다. 물질세계에 대한 집착 때문에 세상과 자꾸 비교합니다. '이 땅에서의 풍요가 천국에도 있는가? 이 땅보다 천국이 더 아름다운가?'를 생각합니다. 하나님의 영광을 찬양하고 구원받은 감격으로 예배하는 대신에, 천국이 얼마나 화려하고 풍요로운지와 내가 원하는 것이 천국에 있는지에만 관심을 둡니다. 다시 말해, 이기심과 자기만족과 물질주의에 치우쳐 있다는 의미입니다. 이런 면에서 검증되지 않은 천국에 대한 이야기를 읽는 것은 조심해야 합니다.

대부분의 사람들이 영화나 소설이나 천국 여행기를 통해서 천국을 알고 있습니다. 이 말은 사람들의 천국 개념이 성경적이지 않다는 뜻입니다. 천국에 대해 성경보다 더 정확하게 말해 줄 수는 없습니다. 그러므로 성경적 천국관이 필요합니다. 하나님은 우리가 목적으로 하고 있는 천국에 대해 알아야 할 만큼은 알려 주셨습니다. 그런데 우리는 하나님이 알려 주신 내용을 연구하고 믿고 소망하지 않고, 나름대로 천국을 상상하는 잘못을 범하고 있습니다.

몇 년 전 미국 프린스턴 대학교 도서관에서 천국에 관한 책을 찾아보았습니다. 100-150년 전만 해도 천국에 대한 연구서가 제법 있었는데 그 후로는 거의 없었습니다. 계몽주의와 함께 세속화의 물결이 들어오면서 천국에 대한 열정이 사라졌고, 이에 따라 천국에 대한 연구서도 감소한 것입니다. 회의론이 기승을 부리고, 이 세상을 천국으로 만들겠다는 신학 이론이 발달하면서 이 세상에 지나치게 몰입하게 되었습니다. 내세에 대한 소망이 현세에 대한 소망으로 변질된 것입니다. 세속주의와 물질주의에 붙들려서 하늘나라보다는 '이 땅에서 어떻게 잘 사는가?'에 관심이 집중되었습니다.

천국에 대한 무관심과 오해와 비난과 공격의 뿌리는 어디에 있을까요? 사탄의 거짓말입니다. 사탄은 거짓의 아비입니다. 사탄이 가장 좋아하는 거짓말이 세 가지 있습니다.

> 짐승이 입을 벌려 하나님을 향하여 비방하되 그의 이름과 그의
> 장막 곧 하늘에 사는 자들을 비방하더라 계 13:6

사탄은 세 가지, 즉 하나님, 하나님의 사람들, 하나님의 처소인 천국에 대하여 늘 비방합니다. 사탄이 천국에 대해 비방하는 이유는 천국에서 쫓겨났기 때문입니다. 쫓겨난 곳에 대한 원한이 있는 것입니다. 자신의 패배를 가장 결정적으로 드러내는 곳이 천국이기 때문입니다. 사탄은 장차 지옥에 가지 않습니까? 천국이 확실히 존재한다면 사탄은 설 곳이 없습니다. 그래서 천국을 비난하는 것입니다.

사탄이 우리를 가장 효과적으로 공격하는 방법이 무엇일까요? 천국에 대해 거짓말하는 것입니다. 앞으로 우리가 가게 될 장소이자 이 땅에서 우리가 소망해야 할 천국에 대해 거짓말을 해서 우리를 속이는 것입니다. 이보다 더 효과적으로 우리를 공격할 수 있는 방법은 없습니다.

사탄은 성도들이 천국을 올바르게 이해하도록 놓아두지 않습니다. 천국은 없다고 거짓말하고, 인간의 고안물에 불과하다고 생각하게 만들고, 천국을 믿으면 시대에 뒤처진 사람인 양 조롱합니다. 때로 천국이 있다고 믿더라도 재미없는 곳, 영원히 하얀 가

운을 입고 둥둥 떠다니며 예배만 드리는 지루한 곳으로 생각하게 만듭니다.

그로써 사탄은 결국 사람들이 천국을 사모하지 않도록, 천국을 향한 갈망을 잃어버리도록 만듭니다. 천국을 향해 가는 순례자들인 우리를 분명한 목적지를 잃은 방랑자로 만들고 있습니다. 천국이라는 말만 나오면 입을 다물게 만들려는 것이 사탄의 마음입니다.

요즘은 신학에서도 천국을 강조하지 않습니다. 목회의 초점도 영원한 세상을 준비하도록 돕는 것이 아니라, 이 세상에서 잘 살도록 돕는 데 맞추어져 있습니다. 저는 신학교에서 성경적 천국을 가르쳐야 한다고 주장하고 있습니다. 성경의 핵심이 천국과 지옥인데, 이것을 빼놓고 무엇을 가르친다는 말입니까. 성도들이 제일 갈망하는 것, 죽어 가는 사람에게 가장 중요한 것은 천국에 대한 확실한 소망입니다. 그러니 천국을 가르쳐야 합니다.

◆ 천국 본향을 사모하는 사람들

사탄은 천국에 대해서 말 못하게 하지만, 성경은 천국을 사모하고 관심을 기울이라고 명령합니다. 천국을 사모하는 마음은 믿음의 핵심에 해당합니다. 바울은 이렇게 말했습니다.

그러므로 너희가 그리스도와 함께 다시 살리심을 받았으면 위의

것을 찾으라 거기는 그리스도께서 하나님 우편에 앉아 계시느니

라 위의 것을 생각하고 땅의 것을 생각하지 말라 골 3:1-2

천국을 생각하고, 천국에 관심을 기울이고, 천국을 갈망하라는 의미입니다. 또한 히브리서 11장은 믿음의 조상들이 어떤 사람들이었는가를 말해 줍니다. 그들의 별명은 '본향을 찾는 사람들'이었습니다.

그들이 이제는 더 나은 본향을 사모하니 곧 하늘에 있는 것이라

이러므로 하나님이 그들의 하나님이라 일컬음 받으심을 부끄러워

하지 아니하시고 그들을 위하여 한 성을 예비하셨느니라 히 11:16

믿음의 조상들은 타향살이하면서 고향을 사모하고 그리워했는데, 그들이 가고 싶어 한 고향은 이 땅의 고향이 아니라 미래적인 고향, 하늘에 있는 본향이었다는 것입니다.

'하나님이 그들의 하나님이라 일컬음 받으심을 부끄러워하지 아니하시고'라는 말은 세상 사람들이 하늘나라를 사모하는 믿음의 조상들의 모습을 보면서 "저 사람들은 죽으면 진짜 하늘나라가 있다고 믿고, 그곳을 사모하는 이상한 사람들이야"라고 비난했다는 의미입니다. 그러나 하나님은 "너희가 믿는 것이 옳다. 나는 너희의 하나님이며, 너희가 올 성을 예비하였느니라"라고 말씀

하셨습니다. 마치 고향처럼 사모하는 그곳, 하나님 아버지께서 반겨 맞아 주실 구체적인 천국의 도시를 준비했다고 말씀하신 것입니다.

예수님의 말씀으로 돌아가 봅시다. 요한복음 14장 1-4절의 배경은 무엇입니까? 예수님은 십자가를 지시기 전날 마지막 밤을 제자들과 함께 보내고 계셨습니다. 이 밤이 지나면 죽으실 것이기에, 이제 제자들에게 마지막 말씀을 하셔야 했습니다. 예수님이 그들에게 해 주실 마지막 말씀은 무엇일까요?

예수님은 수많은 말씀 중에 가장 필요한 말씀이 '천국'이라고 판단하셨습니다. 예수님은 제자들의 앞길에 무엇이 놓여 있는 줄 알고 계셨습니다. 많은 핍박과 고난을 당할 것이고 순교도 당할 것입니다. 그래서 선택하신 말씀이 본문입니다.

쉽게 말하면, 예수님은 제자들에게 "얘들아, 근심하지 마라. 내 아버지 집에는 거할 곳이 많다. 인생의 마지막은 천국이란다. 천국을 확실히 믿어라. 그곳에 거할 곳이 많다. 내가 거할 곳을 다 준비한 후에 너희를 데리러 올 것이다. 앞으로 많은 일을 만나게 될 것인데, 이것은 천국으로 가는 과정이란다. 이 사실을 확실히 믿고 살면 아무리 힘든 일도 견딜 수 있단다"라고 말씀하신 것입니다. 예수님은 천국의 소망이 제자들로 하여금 고난 가운데 끝까지 버티게 해 줄 것이라고 생각하신 것입니다. 세상을 이기는 힘이 어디서 나옵니까? 천국에 대한 확신에서 나옵니다.

그런데 너무 천국만 생각하면 이상한 사람이 되지 않을까요? C. S. 루이스(C. S. Lewis)는 《순전한 기독교》(홍성사)에서 이렇게 말했습니다.

역사를 더듬어 보면 이 세상을 위해 가장 많이 일한 그리스도인들은 다음 세상에 대해 가장 많이 생각했던 이들이었음을 알게 된다. 로마 제국을 기독교 국가로 전환하는 데 토대를 놓은 사람들이나 중세를 확립한 위대한 인물들, 노예 제도를 배제시킨 영국의 복음주의자들이 지구상에 모든 흔적을 남길 수 있었던 것은 그들의 마음이 천국에 사로잡혀 있었기 때문이다. 그러나 대부분의 그리스도인들이 다음 세상에 대해 더 이상 생각하지 않게 되면서 기독교는 세상에서 그 힘을 잃고 말았다. 천국을 지향하면 세상을 덤으로 얻을 것이다. 그러나 세상을 지향하면 둘 다 잃을 것이다.

그리고 루이스는 자신의 인생 목표를 다음과 같이 정리했습니다.

진짜 고향을 그리워하는 욕구는 죽은 후에나 채워질 수 있는 것이니만큼 이것이 사라지지 않도록 잘 지켜야겠다. 천국에 대한 소망이 다른 욕구에 짓눌리거나 밀려나지 않게 하자. 나 자신이 그날을 향해 나아갈 뿐 아니라 다른 사람들도 그날을 향해 나아가도록 돕는 일을 내 삶의 주된 목표로 삼자.

또한 17세기 영국의 청교도파 목사이자 저술가인 리처드 백스터(Richard Baxter)는 "천국 외에 우리의 마음을 진정으로 둘 만큼 가치 있는 것은 아무것도 없다"고 말했습니다.

세상은 일시적입니다. 헛된 세상에 마음을 두는 사람이야말로 현실 도피자입니다. 금방 사라질 그림자 뒤에 몸을 숨긴 채 영원한 현실을 회피하는 사람이 되어선 안 됩니다. 우리가 이 세상에서 보고 만지는 모든 것은 천국의 영원한 것에 비하면 잠시 동안 있는 그림자와 같습니다. 우리에게는 하늘에 영원한 집이 있다는 사실을 알아야 합니다. 그 사실을 믿고 사모하고 증거하며 살아가기를 바랍니다.

하나님 아버지!

천국을 비방하는 사탄의 권세를 쫓아내 주소서. 또한 성도들의 마음속에서 천국에 대하여 의심하고 거부하며 어리석은 듯 생각하며 비웃는 마음, 무시하는 생각이 사라지게 하소서. 오히려 천국에 대한 믿음과 소망과 확신이 가슴속에 깊이 새겨지게 하소서.

1 성경이 말하는 천국의 특징 세 가지는 무엇인가요?

....

....

....

2 세상을 이기는 힘은 어디에서 나오나요?

....

....

....

3 천국을 소망하는 성도로서 오늘 내가 해야 할 일은 무엇인가요?

....

....

....

그 사람은 지금 어디 있는가

⁴² 이르되 예수여 당신의 나라에 임하실 때에 나를 기억하소서 하니 ⁴³ 예수께서 이르시되 내가 진실로 네게 이르노니 오늘 네가 나와 함께 낙원에 있으리라 하시니라 눅 23:42-43

♦ **죽음과 심판 사이 그곳** ◇◇◇◇◇◇◇◇◇◇◇◇◇◇◇◇◇◇◇◇◇◇◇◇◇◇

《천국 안내서》(규장)에 소개된 이야기입니다. 미국의 유명한 작가이자 목사였던 헨리 반 다이크(Henry van Dyke)가 이런 말을 했습니다.

나는 지금 바닷가에 서 있다. 내 앞에 있는 배는 푸른 바다를 향해 출항한다. 나는 바닷가에 서서 그 배가 아주 작아져서 한 점이 될 때까지 바라보았다. 그때 내 옆에서 누군가가 말했다. "이제 배가 가 버렸군." 그러나 어디로 가 버렸다는 말인가? 그 배는 내 눈앞에만 사라졌을 뿐이다. 그 배는 지금도 행선지로 가는 중이다. 그 배가 사라지는 것처럼 보이지만 내 눈에만 그렇게 보일 뿐이지, 실제로 그 배는 그대로다. "이제 배가 가 버렸군." 이렇게 말하는 순간, 다른 쪽 항구에서는 그 배가 오는 것을 바라보면서 "저기 배가 들어온다!" 이렇게 즐거운 소리를 지르는 것이다.

사랑하는 사람이 죽었습니다. 분명히 같이 있었는데, 서로 얼굴을 보며 대화를 나누었는데, 지금은 없습니다. 그 사람은 어디로 간 것일까요? 완전히 사라진 것일까요? 존재 자체가 없어진 것일까요? 아닙니다. 영혼이 그를 떠난 것뿐입니다. 이곳을 떠났지만 다른 어느 곳에 도착한 것입니다. 그곳은 어디일까요?

젊은 아내가 남편을 잃었습니다. 아내분이 장례식 때 저에게 물었습니다.

"목사님, 지금 그 사람은 어디 있습니까? 뭐 하고 있을까요? 제가 이렇게 울고 있는 것을 알고 있을까요?"

그러면서 펑펑 우는데 너무 가슴이 아팠습니다. 여러분도 "그 사람은 지금 어디 있을까?", "우리 아이는 지금 어디 있는가?", 이런 질문을 해 보았을 것입니다. 참 절실한 질문입니다.

히브리서 9장 27절은 "한 번 죽는 것은 사람에게 정해진 것이요 그 후에는 심판이 있으리니"라고 말합니다. 죽음과 심판 사이에 다른 시간이나 공간이 있을까요? 아니면 죽는 순간, 즉시 천국으로 가는 것일까요? 간혹 '죽으면 심판을 받고 즉시 천국으로 간다'고 생각하는 사람도 있습니다. 10년 전에 죽었든, 100년 전에 죽었든, 더 오래전에 죽었든, 죽은 사람은 시공의 세계를 떠나는 것이므로 100년, 1,000년 같은 시간 구분이 없다는 것입니다. 그래서 "죽는 동시에 하나님 앞에 선다"는 신학적 주장도 있습니다. 아니면 다른 상태로 존재한다고 주장하기도 합니다. 어느 쪽이 옳을까요?

이 문제에 대해 중요한 단서를 제공해 주는 말씀이 이 장 본문입니다. 예수님과 함께 십자가에 매달려 있던 한 강도가 예수님께 "예수여 당신의 나라에 임하실 때에 나를 기억하소서"(눅 23:42)라고 부탁을 드렸습니다. 그때 예수님이 답하셨습니다.

내가 진실로 네게 이르노니 오늘 네가 나와 함께 낙원에 있으리라 눅 23:43

대화의 내용을 보면 강도가 요청한 것과 예수님의 대답이 다릅니다. 강도는 '당신의 나라'(천국)를 말했는데, 예수님은 '낙원'을 말씀하셨습니다. 또 강도는 '당신의 나라에 임하실 때', 즉 미래를 말했는데, 예수님은 '오늘 나와 함께 있게 될 것'이라며 현재를 말씀하셨습니다. 장소와 시간에 차이가 있지요?

강도	예수님
천국	낙원
미래	오늘(현재)

성경이 이 대화를 통해 우리에게 전하려는 내용은 무엇일까요? 누가복음의 저자인 누가는 의사로서, 아주 꼼꼼한 사람입니다. 모국어인 헬라어를 잘못 사용할 리가 없습니다. 그는 '천국'과 '낙원'을 분명히 대비시켜 기록했습니다. 다시 말해, 천국에 가기 전에 낙원이라는 예비적 장소가 있다는 것을 알려 주려 한 것입니다.

그런데 많은 사람이 낙원과 천국을 제대로 구별하지 못합니다. 하나님 나라인 천국은 우리가 가야 할 마지막 종착점입니다. 반면에 낙원은 천국에 가기 전에 잠시 머무는 곳입니다. 물론 낙원도 넓은 의미에서는 천국입니다만, 정확하게 말하면 모든 성도와 함께 천국에 들어가기 전에 주님과 함께 머무는 곳이 낙원입니다.

비유하면 이렇습니다. 올림픽에 출전한 선수가 열심히 경기를 해서 메달을 받았습니다. 이제 조금 있으면 금의환향을 할 것입니다. 고국으로 돌아와 가족을 만나면 얼마나 즐겁겠습니까. 그런데 아직 동료 선수들의 경기가 끝나지 않았습니다. 선수단이 다 함께 고국으로 돌아와야 합니다. 그래서 이제는 아주 편안한 마음으로 동료 선수들을 응원하고, 경기를 보면서 즐기고 있습니다. 지금도 즐겁습니다. 그러나 가장 즐거운 날은 아직 오지 않았습니다. 쉬면서 즐기면서 그날을 기다리고 있습니다. 그곳이 바로 낙원입니다.

그렇다면 하나님을 믿지 않는 사람들이 죽으면 어디로 갈까요? 바로 지옥일까요? 그럼 형평성이 맞지 않습니다. 그들이 가는 곳이 '음부'입니다. 히브리어로는 '스올'이고, 헬라어로는 '하데스'인데, 원래는 그냥 '죽은 자들이 가는 곳'이라는 의미로 사용되었습니다. 그런데 시간이 지나면서 성도들이 가는 곳은 낙원(다른 말로는 '아브라함의 품')이라 하고, 믿지 않는 사람들이 가는 곳은 음부로 구별해서 사용했습니다. 신학자들은 음부라는 단어를 보고 이것이 초기 개념인지, 후기 개념인지를 구분할 수 있지만 모르는 사람들은 혼동할 수 있습니다.

♦　성경이 말하는 중간 상태, 낙원과 음부　◇◇◇◇◇◇◇◇◇◇◇◇◇◇◇◇

신학적으로는 죽음 이후부터 심판을 받기 전까지의 기간을 '중간 상태'라고 부릅니다. 중간 상태는 어떤 상태일까요? 부자와 나사로의 이야기에서 살펴볼 수 있습니다.

> 이에 그 거지가 죽어 천사들에게 받들려 아브라함의 품에 들어가
> 고 부자도 죽어 장사되매 눅 16:22

거지가 죽어서 어디로 갔나요? 아브라함의 품에 들어갔습니다. 아브라함의 품은 낙원입니다. 부자도 죽어 장사되어 어디로 갔나요? 그는 죽어 음부에 갔습니다.

> 그가 음부에서 고통 중에 눈을 들어 멀리 아브라함과 그의 품에
> 있는 나사로를 보고 눅 16:23

우리는 죽으면 천사의 인도를 받아 낙원으로 갑니다. 중요한 것은 이때는 육체가 없다는 것입니다. 예수님이 재림하시면 모든 사람이 부활합니다. 그리고 심판을 받습니다. 그 후 천국 혹은 지옥으로 가는 것입니다. 그러니까 낙원은 영원한 거처가 아니라 임시 거처입니다. 요즘에는 낙원을 '중간(예비) 천국', 음부를 '중간(예비) 지옥'이라고도 말합니다.

그렇다면 "그분은 천국에 가셨어요", 이 말은 맞는 말일까요, 틀린 말일까요? 넓게 보면 맞습니다. 그러나 정확하게는 낙원에서 쉬며 부활의 날을 기다리고 있는 것입니다. 이를 지지하는 다

른 성경 구절이 있습니다.

> 바다가 그 가운데에서 죽은 자들을 내주고 또 사망과 음부도 그
> 가운데에서 죽은 자들을 내주매 각 사람이 자기의 행위대로 심판
> 을 받고 계 20:13

'음부가 죽은 자들을 내주매 각 사람이 심판을 받는다'는 말은
심판 전에 낙원이나 음부에 거한다는 의미입니다. 음부가 구치소
(유치장)라면, 지옥은 교도소(감옥)입니다. 구치소와 교도소의 차이
가 무엇입니까? 최종 판결을 받기 전에는 구치소에 가고, 최종(확
정) 판결을 받으면 교도소에 갑니다. 최후의 심판 후에 천국과 지
옥으로 가는 것입니다.

그렇다면 낙원에 있는 사람은 어떤 상태일까요? 성경을 보면,
죽은 사람을 가리켜 '잠을 잔다'고 표현한 경우가 있습니다. 이것
을 '수면설'이라고 하는데, 세상을 떠난 성도의 영혼이 부활할 때
까지 무의식 상태로 존재한다고 주장하는 이론입니다.

그러나 성경을 보면, 낙원에 있는 사람들이 무의식 상태는 아
닙니다. 잠을 잔다는 말은 아무 의식이 없다는 뜻이 아닙니다. 잠
은 모든 수고와 고통에서 벗어나 하루의 피로를 풀고, 원기를 회
복하며, 새로운 내일을 위한 준비 행위입니다. 즉 우리는 하루를
마치고 잠을 통해서 에너지를 회복하고, 더 나아가 미래를 위해

필요한 기억들을 정리하며 다음 날 아침을 준비합니다. 원기 회복과 기억에 대한 갈무리, 이것이 잠의 효능입니다. 마찬가지로 이 땅의 삶을 마친 사람들도 낙원에서의 쉼을 통해 천국에서의 아침을 맞을 준비를 하는 것입니다. 이것을 다른 말로는 '안식'이라고 합니다.

낙원에 있는 사람들이 의식이 있다는 것을 보여 주는 성경 구절이 많습니다. 히브리서 12장 1절은 먼저 간 성도들을 가리켜 '허다한 증인들'이라고 합니다. 우리를 보고 있다는 의미입니다. 우리처럼 매일의 삶에 매여 있지는 않지만 이 땅에서 어떤 일이 일어나고 있는지를 알고 있다는 뜻입니다.

또한 부자와 나사로의 이야기에서 부자가 아브라함에게 뭐라고 말했습니까?

> 나사로를 보내어 그 손가락 끝에 물을 찍어 내 혀를 서늘하게 하소서 눅 16:24

이에 아브라함이 "너희와 우리 사이에 큰 구렁텅이가 놓여 있어 여기서 너희에게 건너가고자 하되 갈 수 없고 거기서 우리에게 건너올 수도 없게 하였느니라"(눅 16:26)라고 하자, 부자는 "그러면 아버지여 구하노니 나사로를 내 아버지의 집에 보내소서"(눅 16:27) 하며 나사로가 형제 다섯에게 증언하게 하여 그들이 이 고

통받는 곳에 오지 않게 해 달라고 부탁했습니다. 아브라함은 부자의 부탁에 "그들에게 모세와 선지자들이 있으니 그들에게 들을지니라 … 이르되 모세와 선지자들에게 듣지 아니하면 비록 죽은 자 가운데서 살아나는 자가 있을지라도 권함을 받지 아니하리라 하였다 하시니라"(눅 16:29-31)라고 답했습니다.

그러므로 낙원에 있는 사람들에게 의식이 있습니까, 없습니까? 있습니다. 그들은 세상이 어떻게 돌아가는지도 알고 있고, 자기 정체성도 그대로 가지고 있습니다.

요한계시록 6장 9-11절을 보십시오. 하나님의 말씀 때문에 죽임을 당한 영혼들이 제단 아래서 "… 우리 피를 갚아 주지 아니하시기를 어느 때까지 하시려 하나이까"(계 6:10)라고 큰 소리로 말할 때 하나님은 "각각 그들에게 흰 두루마기를 주시며 이르시되 아직 잠시 동안 쉬되 그들의 동무 종들과 형제들도 자기처럼 죽임을 당하여 그 수가 차기까지 하라"(계 6:11)고 말씀하셨습니다. 먼저 세상을 떠난 성도들이 언제까지 기다려야 하냐고 하나님께 호소하자, 하나님이 너희 동무들과 형제들이 순교의 숫자를 채울 때까지 잠시 더 쉬고 있으라고 말씀하신 것입니다. 그들이 하나님께 호소하는 것을 보면 의식이 있음을 알 수 있습니다.

◆ 낙원이 필요한 이유   ◇◇◇◇◇◇◇◇◇◇◇◇◇◇◇◇◇◇◇◇◇◇◇◇◇◇◇◇

그렇다면 죽으면 즉시 천국으로 가지 않고 왜 낙원이라는 중간 단계를 거쳐야 할까요?

그 이유는 하나님이 정하신 그때, 즉 세상의 마지막 때가 오지 않았기 때문입니다. 최성호 목사님은 《천국에 대한 바른 생각》에서 이렇게 말했습니다.

현대인들은 처음부터 끝까지 개인적인 차원에서만 파악하려는 경향이 있다. 그래서 구원의 과정도 개인적인 시야로만 이해하려고 한다. 다시 말해, 우리의 구원, 혹은 만물의 구원보다는 '나의 구원'에 관심이 있다는 얘기다.

그러나 하나님의 입장은 그렇지 않다. … 하나님은 궁극적으로 만물을 새롭게 하시는 하나님이기 때문이다. 따라서 한 사람씩 따로 시작하는 영생은 하나님의 청사진이 아니며, 우리는 '그때'가 언제일지는 잘 모르지만, '그의 백성'이라는 공동체로서 영원한 삶을 다 같이 출발해야 한다. 그러니까 일단 이 땅에서의 삶이 종료된 사람은 어디선가 기다리며 준비하는 단계가 필요하고, 그 예비적 단계가 낙원에서의 안식인 것이다.

낙원이 필요한 다른 이유는 안식을 통해 회복과 성장이 이루어져야 하기 때문입니다. 먼저, 무엇을 회복하는 것일까요? 사람이 죽으면 곧바로 하나님 나라의 삶을 시작할 만큼 준비된 상태가 아닙니다. 많은 사람이 힘들고 아프고 낙심하고 서글프고 두렵고 지쳐 있는 상태에서 마지막 순간을 맞이합니다. 영문도 모르고 죽을 수도 있습니다. 그런 상태에서 곧바로 완벽한 천국의 삶을 시작하기에는 삶의 간격이 너무 큽니다. 상처가 치료되고, 의문들이 해결되고, 혼란이 수습되고, 아쉬움과 결핍이 채워지는 등 확실하게 정리되고 회복되어야 합니다. '아, 그랬구나!' 하며 새로운 눈으로 인생을 정리하고 평생의 삶을 마무리하는 시간이 필요합니다.

마지막으로 성장이 이루어져야 하기 때문입니다. "나는 누구이며 왜 존재하는가? 왜 나는 나여야만 하는가?" 이러한 존재론적 질문은 세상에서는 묻기도 어렵고, 더 나아가 그에 대한 답변을 이 세상에서 듣기란 더 어렵습니다. 나를 존재하게 하신 분에게서만 해답을 얻을 수 있습니다. 낙원에서는 하나님이 나를 아시는 것과 같이 내가 나를 알게 됩니다. 또한 온전히 하나님과의 관계에만 집중하면서 하나님과 친밀한 사귐을 누리며 관계가 성장합니다.

그러나 낙원은 우리가 기다리는 행복한 미래임이 틀림없지만, 궁극적인 미래, 완벽한 미래는 아닙니다. 왜냐하면 잠이란 그 자체가 목적이 아니라 깨어난 후를 위해 존재하는 것이기 때문입니다. 낙원에서의 안식도 마찬가지입니다. 낙원에는 안식의 평화는 있지만, 활동의 기쁨은 없습니다. 인간은 본질적으로 쉬는 것이 목적이 아닙니다. 안식은 중요하지만, 더 중요한 것은 창조주

와 교감하면서 청지기 노릇을 하는 것, 피조물을 돌보고 다스리는 것인데, 이를 위해서는 몸(신체)을 가져야만 합니다. 그래서 부활의 몸을 받기 전에 낙원에서 쉬는 것입니다.

그 사람은 지금 어디에 있을까요? 낙원에서 안식하며 미래에 다가올 새 하늘과 새 땅을 기다리며 준비하고 있습니다. 그러니까 낙원에 있는 사람들을 우리가 걱정할 필요가 없습니다. 걱정하지 마십시오. 오히려 낙원에 있는 사람들이 우리를 걱정하지 않도록 신앙생활을 잘해야 합니다.

낙원에 있는 사람들은 육신이 전부가 아니며 세상이 다가 아니라는 사실을 확실히 알고 있는 이들입니다. 문제는 이 땅에서 헤매는 내 모습입니다. 하나님이 보고 계신데, 나를 위한 사건인데, 곧 문제가 해결될 것인데 그 사실을 모르고 낙심하고 좌절하고 하나님을 원망하는 내 모습을 보며 그들이 무엇이라고 하겠습니까?

"예수님 잘 믿어라. 주님이 네 수고를 다 기억하신다. 그리고 주님이 오실 날이 얼마 남지 않았다. 정신 차려라. 천국을 바라보며 살아야 한다."

이렇게 말하지 않겠습니까? 그러니 우리 모두 정신 차리고 예수님을 잘 믿어야 합니다.

하나님 아버지!

그 사람은 지금 어디 있을까, 궁금했는데 말씀으로 가르쳐 주시니 감사합니다. 이제 그 사람은 주님께 맡기고 이 땅에 남은 나는 어떻게 믿음으로 잘 살다가 우리 주님을, 사랑하는 그 사람을 또다시 만날까? 생각하며 내 신앙을 점검하게 하소서. 이 땅의 보이는 것에 빠져 영원한 세계를 바라보지 못하고 헤매는 일이 없도록 도와주소서. 내 인생의 모든 수고와 몸부림과 눈물과 헌신을 주님이 하나도 남김없이 다 기억하시고 갚아 주실 것을 믿고, 오늘 나의 신앙생활에 최선을 다할 수 있도록 도와주소서. 영원한 천국을 바라보며 전진하는 믿음의 사람이 되게 하소서.

1 사람은 죽음 이후에 어디로 가게 되나요?

....

....

....

2 사람이 죽은 후 천국으로 즉시 가지 않는 이유는 무엇인가요?

....

....

....

3 지금 낙원에 머물고 있는 '그 사람'이 있다면 오늘의 나를 보고
   어떤 말을 할지 생각해 봅시다.

....

....

....

Chapter 3

우리는 어떻게 변할 것인가

⁴² 죽은 자의 부활도 그와 같으니 썩을 것으로 심고 썩지 아니할 것으로 다시 살아나며 ⁴³ 욕된 것으로 심고 영광스러운 것으로 다시 살아나며 약한 것으로 심고 강한 것으로 다시 살아나며 ⁴⁴ 육의 몸으로 심고 신령한 몸으로 다시 살아나나니 육의 몸이 있은즉 또 영의 몸도 있느니라 고전 15:42-44

♦ **천국에 관한 잘못된 개념** ◇◇◇◇◇◇◇◇◇◇◇◇◇

어느 집사님이 제게 이런 질문을 했습니다.

"목사님, 제가 아주 어린애 같은 질문을 할 테니 용서하고 들어주세요."

연세도 있고, 믿음도 좋고, 교회에서 봉사도 잘하는 분이신데 그런 질문을 해 의아했지만 "괜찮습니다. 무슨 말씀이든 하세요. 우리 사이에 무슨 질문인들 못하겠습니까?"라고 대답했습니다. "그래도 너무 철없는 질문이라서요"라고 다시 말하는 집사님에게, "편하게 말씀하세요"라고 다시 이야기했습니다. 그랬더니 그분이 이렇게 말했습니다.

"교회에서는 천국을 소망하라고 하는데, 제 생각에는 천국에서 영원히 산다는 개념이 와 닿지를 않습니다. 아무 일도 하지 않고 어떻게 영원히 삽니까? 얼마나 힘들고 지루하고 따분하겠습니까. 그러나 지옥에 갈 수는 없고, 천국은 그렇게 썩 내키지도 않고. 그래서 말인데요, 때로는 '죽음으로 모든 것이 끝난다면 어떨까?' 이런 생각이 들 때가 있습니다. 제가 잘못된 것이지요?"

이 말에 제가 깜짝 놀랐을 것 같지요? 아닙니다. 저는 죽음과 천국을 연구했기 때문에, 이런 질문을 가진 성도들이 의외로 많다는 것을 이미 잘 알고 있습니다. 소설에도 그런 내용이 나옵니다. 《허클베리 핀의 모험》이라는 책을 보면, 허클베리가 이런 말을 합니다.

왓슨 선생님은 천국에 대해 말했어요. 거기서 제가 할 일은 단지 하프를 가지고 하루 종일 돌아다니면서 노래하는 것이라고. 그것도 영원히, 영원히 말이에요. 그래서 저는 그곳에 가고 싶지 않았어요. 제가 그녀에게 톰 소여도 그곳에 갈 것 같으냐고 묻자 그렇지 않을 것 같다고 했어요. 저는 얼마나 기뻤는지 몰라요. 왜냐하면 저는 톰과 함께 있고 싶었거든요.

교회학교 선생님이 천국은 구름을 타고 둥둥 떠다니며 하프를 퉁기는 것 외엔 아무것도 할 일이 없는 곳, 끝없이 예배가 이어지는 곳이라고 말했다는 것입니다. 그러니 천국이 얼마나 지겨운 곳으로 느껴졌겠습니까. 30분 예배도 지겨운데 말입니다. 그러면서 허클베리는 자기는 그런 천국에 가기 싫은데, 친한 친구도 천국에 못 갈 것 같다니까 "우리끼리 놀면 되지" 하며 기뻐했습니다. 어른들도 이런 마음을 가지고 있는 것입니다.

왜 천국을 이렇게 생각하게 되었을까요? 헬라 철학의 영향입니다. 헬라 철학에 의하면, 육체는 영혼의 감옥입니다. 그러므로 사람이 죽으면 영혼이 육체의 감옥에서 해방되어 하늘로 올라가는데, 이것이 진정한 자유라고 생각했습니다. 이 헬라 철학이 기독교에 들어왔습니다. 초기 기독교 신학자들은 헬라 철학을 아주 좋아했습니다. 많은 신학자가 헬라 철학을 이용해 기독교를 설명하려고 했습니다. 왜냐하면 플라톤(Plato)의 이데아론 때문입니다.

'이데아'가 무엇입니까? 보이는 것을 존재하게 하는 보이지 않는 실재를 의미합니다. 사과를 예로 들어 보겠습니다. 사과의 이데아가 있지만, 그 자체는 보이지 않습니다. 그러나 사과의 이데아가 있기 때문에 이 땅에 수많은 사과가 존재하는 것입니다. 미국에서도, 영국에서도, 한국에서도 사과를 보면 '사과로구나' 하고 알 수 있지요? 사과의 크기와 색깔과 모양이 다른데도 사과인지 알 수 있는 이유는 우리 속에 사과의 이데아가 들어 있기 때문입니다. 이것이 이데아론입니다.

그렇다면 이데아론이 왜 중요할까요? 보이는 창조 세계를 창조하셨으나 보이지 않으시는 하나님을 철학적으로 설명하기가 쉬웠기 때문입니다. 그래서 초기 기독교는 신학에서 헬라 철학을 즐겨 사용했던 것입니다.

그런데 이 헬라 철학 때문에 어떤 잘못된 개념이 들어왔습니까? 물질은 악하고, 영혼은 선하다는 개념입니다. 그러므로 인간은 죽음 이후에 육체는 사라지고 영혼만 존재하며, 그것이 거룩하고 고상한 삶이라고 착각하는 사람이 많아졌던 것입니다.

이런 헬라 철학을 가진 사람들에게 부활은 좋은 개념일까요, 나쁜 개념일까요? 나쁜 개념입니다. 죽어서 겨우 육체의 감옥에서 벗어나 자유로워졌는데 또다시 부활해 육체를 가지게 된다니, 이것은 거꾸로 돌아가는 것입니다. 오히려 부자유가 되는 것입니다. 그래서 부활 개념에 오해가 생긴 것입니다. 헬라 철학적 사고방식을 가진 사람들에게 성경적 부활은 잘 이해가 되지 않았던 것입니다. 그래서 제가 그 집사님에게 말했습니다.

"집사님만이 아니라 많은 성도님이 그렇게 생각하십니다. 부활을 잘 모르기 때문입니다. 성경은 우리가 부활할 때 몸이 없는 것이 아니라, 새로운 몸을 받을 것이라고 말합니다. 육지에서 살려면 육지에 합당한 몸이 필요하고, 물에 살려면 물속에서 살기에 합당한 몸이 필요하고, 공중에서 살려면 새처럼 날 수 있는 몸을 가져야 하듯이, 부활해 천국에서 영원히 살려면 거기에 합당한 몸이 필요합니다. 그러므로 부활의 몸은 아주 아름답고 건강하며 죽지 않는 거룩한 몸입니다. 우리는 천국에서 부활의 몸을 가지게 되고, 하나님의 청지기로서 할 일도 많고, 천국에는 먹을 것과 마실 것도 많고 즐길 것도 끝없이 많다는 것을 알아야 합니다. 이 세상이 지겹고 따분한 곳이지, 천국은 절대로 그런 곳이 아닙니다. 부활 개념을 오해했기 때문에 천국을 오해한 것입니다."

그래서 부활 개념이 아주 중요합니다. 부활을 정확하게 알지 못하면 천국에 대하여 상상력을 발휘할 수 없고, 성경 말씀을 이해하기가 어려워집니다.

이처럼 초대 교회가 헬라 철학의 영향을 받고 있었기 때문에, 헬라의 도시였던 고린도의 성도들도 부활에 대한 말씀을 들었으나 많은 사람이 부활을 제대로 이해하지 못했습니다. 그래서 많은 성도가 부활에 대해 질문을 했습니다.

누가 묻기를 죽은 자들이 어떻게 다시 살아나며 어떠한 몸으로

오느냐 하리니 고전 15:35

"죽어서 썩어 버리면 형체가 없어지는데, 어떻게 새로운 부활이 가능합니까?"라는 질문에 바울은 고린도전서 15장에서 자세히 설명해 주었습니다. 씨를 뿌리면 그 씨가 땅속에서 죽어서 썩습니다. 그런데 분명히 씨는 썩어 없어졌는데, 그 속에서 새로운 생명의 싹이 나오고 자라서 열매를 맺습니다. 그러므로 열매를 맺으려면 씨를 심고 그 씨가 죽어야 하듯, 부활하려면 먼저 육신이 죽어야 합니다(고전 16:36). 바울은 이처럼 자연 법칙을 가지고 부활을 이야기했습니다.

또한 부활의 실제 모습은 어떠한가에 대해서는 열매를 맺는 과정에서 답을 얻을 수 있습니다. 그 씨가 새로운 열매를 맺을 때 뿌린 것은 씨로서, 어느 종자의 알갱이입니다. 그러나 뿌릴 때 씨의 모양과 거두었을 때 모양이 같습니까, 다릅니까? 예를 들어 보

겠습니다. 옥수수 알갱이를 땅에 심었다고 합시다. 그 씨는 죽어서 썩었고 자라나서 열매를 맺었습니다. 뿌렸던 옥수수 알갱이와 새로 나온 옥수수 알갱이는 그 모양이 같습니까, 다릅니까? 같지도 않고, 다르지도 않습니다. 비슷합니다! 연속성이 있다는 의미입니다. 그러나 불연속성도 있습니다.

우리 몸은 죽어서 썩어 버립니다. 그러나 부활합니다. 부활의 모습은 그 사람이 이 땅에 살았을 때 모습과 같을까요, 다를까요? 비슷합니다! 알아볼 수 있지만 다릅니다. 성경을 보면, 예수님의 제자들이 부활하신 예수님을 알아본 적도 있고, 알아보지 못한 적도 있습니다.

사실 같은 사람이라도 시간에 따라 모습이 달라지지 않습니까. 유아기 모습과 청년기 모습과 노년기 모습이 다릅니다. 그래도 닮았다는 것을 알 수 있습니다. 또한 같은 시간이라도 상태에 따라서 달라지기도 합니다. 기분이 좋을 때와 기분이 나쁠 때가 다릅니다. 초라할 때와 화려할 때가 다릅니다. 부활할 때 나는 분명히 나입니다. 그러나 옛날의 나와 비슷하지만, 또 다른 새로운 나입니다.

그렇다면 왜 비슷할까요?

하나님이 그 뜻대로 그에게 형체를 주시되 각 종자에게 그 형체를 주시느니라 고전 15:38

하나님이 형체를 주시기 때문입니다. 옥수수가 왜 그렇게 생겼을까요? 하나님이 옥수수에게 그 형체를 주셨기 때문입니다. 마찬가지로, 하나님은 새로 열린 옥수수에게도 그 형체를 주십니다. 고구마는 고구마의 형체를 받은 것이고, 포도는 포도의 형체를 받은 것입니다. 우리도 세상에 태어났을 때 형체를 받았습니다. 그것이 지금의 모습입니다. 마찬가지로, 부활할 때도 하나님이 우리에게 새로운 부활 형체를 주신다는 말입니다.

그럼 지금 잘생긴 사람은 문제가 없지만 그렇지 않은 사람은 어떻게 합니까? 지금 모습과 비슷하다면, 지금 못생긴 사람은 영원히 못생긴 모습일까요? 장애인은 영원히 장애인일까요? 그렇지 않습니다.

죽은 자의 부활도 그와 같으니 썩을 것으로 심고 썩지 아니할 것으로 다시 살아나며 욕된 것으로 심고 영광스러운 것으로 다시 살아나며 약한 것으로 심고 강한 것으로 다시 살아나며 고전 15:42-43

지금 우리의 육신은 병들고 다치고 죽으면 썩습니다. 그렇지만 부활한 육체는 병들지 않고, 다치지 않고, 썩지 않고 완벽하다는 것입니다. 또한 지금 우리의 육체는 욕되고 부끄럽고 초라하고 못생겼고 결함이 많지만, 부활한 육체는 영광스럽다는 것입니다.

눈부시게 아름답고 빛난다는 것입니다. 사람은 누구나 각각 육체의 약점을 가지고 있지만, 부활한 몸은 강하고 약점이 없는 완전 무결한 몸이 될 것입니다. 이처럼 완전한 부활의 몸을 뭐라고 부릅니까? '신령한 몸', 또는 '영의 몸'이라고 합니다.

> 육의 몸으로 심고 신령한 몸으로 다시 살아나나니 육의 몸이 있
> 은즉 또 영의 몸도 있느니라 고전 15:44

지금 우리가 가진 몸은 '육의 몸'입니다. 그러나 부활하면 영의 몸을 가집니다. 육의 몸의 모든 약점을 극복한 완전한 몸을 가지게 되는 것입니다. 이 땅에서 장애나 신체적 약점을 가진 사람이라 할지라도 그날에는 모두 다 완전한 몸을 가지게 됩니다.

화가이자 국제장애인센터 설립자인 조니 에릭슨 타다(Joni Eareckson Tada)는 10대 시절에 다이빙을 하다가 부상을 입어 전신마비가 되었습니다. 항상 천국을 사모하며 살아온 그는《Heaven》(Zondervan)에서 이렇게 말했습니다.

> 나는 아직도 나를 믿을 수가 없다. 뒤틀려 굽어진 손가락들, 아무
> 감각이 없는 내 몸…. 그러나 언젠가 내 육체가 찬란한 광채를 뿜
> 어내는 아름답고 힘 있는 몸으로 변하게 될 것이다. 나는 그날을
> 소망 중에 즐거워하며 기다리고 있다. 새 몸을 얻으면 재미있는

일을 같이 하자고 많은 친구들과 약속을 해 놓았다.

종교개혁자 장 칼뱅(John Calvin)은 "그날에 우리는 죄로 인해 잠들어 있던 1,000개 이상의 감각이 눈을 뜨게 될 것이다"라고 말했습니다. 우리는 지금 시각, 청각, 후각, 미각, 촉각 등 오감을 가지고 있습니다. 그중에서 하나의 감각만 없어도 삶의 범위가 아주 제한됩니다. 예를 들어 시각이 없다고 합시다. 내 눈에 안 보이니까 "하나님이 어디 있냐? 절대로 존재하지 않는다!"라고 말하는데, 그렇지 않습니다. 새로운 감각 하나만 열려도 아주 확실한 현실이 되는 것입니다. 그전에는 "말도 안 돼!"라고 했지만, 한 개의 감각만 더 열려도 "아주 확실하군!" 하고 말하게 되는 것입니다. 그러니까 부활의 영광스러운 몸에 비하면 오늘 우리의 몸은 곤충의 수준에도 미치지 못합니다.

부활의 몸을 이해하려면 부활하신 예수님을 보면 됩니다. 부활하신 예수님의 몸은 제자들이 알던 몸과 달랐습니다. 전혀 새로운 차원의 몸이 되었습니다. 부활하신 예수님의 몸은 제자들이 알아볼 수 있고, 대화도 나눌 수 있고, 만질 수도 있고, 지난 일도 기억하는 등 우리 육체로 할 수 있는 일을 다 할 수 있었습니다. 그리고 더 놀라운 일도 가능했습니다. 누가복음 24장을 보면, 문이 다 잠겨 있는데 예수님이 제자들 앞에 나타나셨습니다. 그 모습을 본 제자들은 놀라서 유령이라고 했습니다. 그러나 예수님이 그들에게 무엇이라고 말씀하셨나요?

예수께서 이르시되 어찌하여 두려워하며 어찌하여 마음에 의심이

일어나느냐 내 손과 발을 보고 나인 줄 알라 또 나를 만져 보라 영은

살과 뼈가 없으되 너희 보는 바와 같이 나는 있느니라 눅 24:38-39

심지어 예수님은 음식도 잡수셨습니다. 부활의 몸으로 음식을 먹을 수 있습니다. 먹을 수 있다는 것이 얼마나 기쁜 일입니까. 비만으로 염려할 필요도 없습니다.

통계에 의하면, 부활을 믿는 미국인들 가운데 3분의 2가 자신이 부활한 후에 몸을 갖지 않을 것이라고 생각한다고 합니다. 이것은 모순입니다. 성립되지 않는 개념입니다. 부활이란 우리가 몸을 갖는다는 것을 의미합니다. 몸을 가지지 않는다면 우리는 부활하는 것이 아닙니다. R. A. 토레이(R. A. Torray) 목사는 《Heaven or Hell》(Whitaker House)에서 이렇게 말했습니다.

우리는 내세에서 몸이 없는 영이 아니라, 구원받은 우주에서

구원받은 몸을 가지게 될 것이다.

인간에게 육체를 주신 분이 하나님이십니다. 하나님이 인간에게 육체를 주신 것은 하나님의 실수가 아닙니다. 하나님은 인간에

게 영을 불어 넣으셔서 영과 육이 함께하는 존재로 만드셨습니다. 이것이 완전한 인간입니다. 천국에서 우리는 비인간적인 존재로 살아가는 것이 아닙니다. 천국에서는 더 완전한 인간이 되는 것입니다. 죄에 굴복하지 않는 인간, 죽어서 썩지 않는 인간, 하나님이 만들고 싶으셨던 그런 인간이 되어 살아가는 것입니다. 우리는 살아 있는 몸으로서 영생하는 것이지, 유령으로서 영생하는 것이 아닙니다.

사도신경 마지막 부분에서 우리는 "몸의 부활과 영생을 믿습니다"라고 고백합니다. 우리의 몸이 부활하면서 진정한 영생이 실현되는 것입니다. 그때 사망이 사망합니다. 죽음은 영원한 것이 아니라, 시효가 있습니다. 우리가 부활하면서 사망은 영원히 그 힘을 잃어버립니다.

몸의 부활에 대해서 올바른 지식을 가지지 못하면, 천국에 대해서도 바르게 이해하지 못합니다. 천국에 대한 오해가 많은 이유는 부활을 제대로 알지 못하기 때문입니다. 부활의 몸을 가진 우리는 새 하늘과 새 땅을 필요로 하며, 그곳에서 살고 일하면서 하나님을 영화롭게 하는 것입니다.

♦ **죽음 이후 일어나는 일** ◇◇◇◇◇◇◇◇◇◇◇◇◇◇◇◇◇◇◇◇

그렇다면 예수님을 믿지 않는 사람들도 부활할까요? 그렇습니다. 부활은 모든 사람에게 일어나는 사건입니다. 사도행전 24장

15절은 "의인과 악인의 부활이 있으리라"라고 말합니다. 또 예수님은 이렇게 말씀하셨습니다.

> 이를 놀랍게 여기지 말라 무덤 속에 있는 자가 다 그의 음성을 들을 때가 오나니 선한 일을 행한 자는 생명의 부활로, 악한 일을 행한 자는 심판의 부활로 나오리라 요 5:28-29

하나님을 믿는 사람들은 영생을 누리기 위해 부활하고, 믿지 않는 자들은 영벌을 받기 위해 부활합니다. 부활이 얼마나 좋습니까! 그러나 부활이 죽을 맛인 사람들도 많습니다. 요한계시록 20장 11절을 보면, 부활 후에는 하나님이 크고 흰 보좌에 앉으셔서 모든 사람을 심판하십니다. 이것이 최후의 심판입니다. 그 앞에 모든 사람이 서게 됩니다.

> 또 내가 보니 죽은 자들이 큰 자나 작은 자나 그 보좌 앞에 서 있는데 책들이 펴 있고 또 다른 책이 펴졌으니 곧 생명책이라 죽은 자들이 자기 행위를 따라 책들에 기록된 대로 심판을 받으니 계 20:12

심판의 기준은 두 종류의 책입니다. '생명책'과 '행위의 책'입니다. 성도의 구원은 믿음으로 받습니다. 그러나 상급은 행위대로 받는 것입니다. 천국에서는 모두가 똑같다고 생각하는데, 아닙니다. 행위에 따라서 상급이 달라집니다. 지옥도 마찬가지입니다. 행위에 따라 등급이 있습니다.

　'구원은 믿음으로, 상급은 행위대로!'

　우리는 이것을 기억해야 합니다. 심판이 끝나면 영원한 천국이나 지옥으로 갈 것입니다.

하나님 아버지!

예수님의 부활을 알면서도, 또 예수님의 부활이 내 부활의 예표라고 고백하면서도 부활에 대하여 부정적으로 생각했습니다. 성경이 말하는 부활 자체를 모르기 때문에 얼마나 오해가 많은지 모릅니다. 하나님의 말씀에 근거한 부활에 대해 알게 하여 주소서. 우리가 죽으면 영원히 사라지는 것이 아니라, 낙원에 있다가 예수님이 재림하실 때 부활의 새 몸을 받고 심판을 받은 후 천국으로 가는 이 변함없는 성경의 진리에 대하여 확실히 알고 사모하는 주님의 자녀들이 되게 하여 주소서.

1 그동안 부활에 대해 오해하거나 잘 알지 못했다가 새롭게 알게 된 것이 있다면 이야기해 봅시다.

....

....

....

2 우리가 부활한 후에 갖게 되는 '부활의 몸'의 특징에 대해 설명해 봅시다.

....

....

....

3 부활에 대한 말씀을 꼭 나누고 싶은 주변 사람이 있다면 누구인지, 어떤 말을 하고 싶은지 이야기해 봅시다.

....

....

....

Chapter 4

천국의 위치와 구조

¹ 또 내가 새 하늘과 새 땅을 보니 처음 하늘과 처음 땅이 없어졌고 바다도 다시 있지 않더라 ² 또 내가 보매 거룩한 성 새 예루살렘이 하나님께로부터 하늘에서 내려오니 그 준비한 것이 신부가 남편을 위하여 단장한 것 같더라 ³ 내가 들으니 보좌에서 큰 음성이 나서 이르되 보라 하나님의 장막이 사람들과 함께 있으매 하나님이 그들과 함께 계시리니 그들은 하나님의 백성이 되고 하나님은 친히 그들과 함께 계셔서 ⁴ 모든 눈물을 그 눈에서 닦아 주시니 다시는 사망이 없고 애통하는 것이나 곡하는 것이나 아픈 것이 다시 있지 아니하리니 처음 것들이 다 지나갔음이러라 계 21:1-4

천국은 어디에 있을까요?

○ 천국은 하늘 위에 있다.
○ 천국은 땅 위에 있다.
○ 천국은 제3의 장소다.

이 중 어느 것이 맞습니까? 천국은 하늘 위에 있고 이 세상과는 아무 관련이 없다고 생각하는 사람들이 있는데, 그렇지 않습니다. 이 땅도 천국의 일부입니다. "이 세상이 천국이니 여기서 영원히 살자. 이 땅을 천국으로 만들어 보자"는 의미가 아닙니다. 죄가 없어진 이 세상은 천국의 일부가 되기 때문입니다. 무엇인가 좀 이상한가요? 그래서 이 장에서는 '천국은 어디에 있는가?', 즉 천국의 위치와 '천국은 어떻게 이루어져 있는가?', 즉 천국의 구조에 대해 생각해 보려고 합니다.

♦　　**처음 하늘과 처음 땅 vs 새 하늘과 새 땅** ◇◇◇◇◇◇◇◇◇◇◇◇◇◇

또 내가 새 하늘과 새 땅을 보니 처음 하늘과 처음 땅이 없어졌고

바다도 다시 있지 않더라 계 21:1

'새 하늘과 새 땅'이 어디서 나왔습니까? '처음 하늘과 처음 땅'이 없어지고 나온 것이 새 하늘과 새 땅입니다. 처음 하늘과 처음 땅은 지금 우리가 살고 있는 하늘과 땅을 의미합니다. 그러니까 지금 우리가 살고 있는 이 땅과 온 우주가 처음 하늘과 처음 땅인데, 이것이 없어지고 다시 새 하늘과 새 땅이 생겨난다는 의미입니다.

부활과 함께 죽음은 영원히 사라지고, 또한 땅과 하늘은 새로워집니다. 그렇게 새로워진 것을 새 하늘과 새 땅이라고 합니다.

인간만 부활하는 것이 아니라, 부활한 우리가 살아갈 근거지인 하늘과 땅이 있어야 하기에 땅과 하늘도 우리를 따라 부활한다는 의미입니다. 그렇게 새로워진 세상을 가리켜 새 하늘과 새 땅이라고 부릅니다.

그렇다면 처음 하늘과 처음 땅, 지금 우리가 살고 있는 땅과 하늘은 어떻게 될까요? 그리고 어떤 과정을 거쳐서 새 하늘과 새 땅이 이루어질까요?

> 그러나 주의 날이 도둑같이 오리니 그날에는 하늘이 큰 소리로 떠나가고 물질이 뜨거운 불에 풀어지고 땅과 그중에 있는 모든 일이 드러나리로다 벤후 3:10

하늘과 땅이 어떻게 된다고 하나요? 하늘은 큰 소리로 떠나가고 물질은 뜨거운 불에 풀어집니다.

> 하나님의 날이 임하기를 바라보고 간절히 사모하라 그날에 하늘이 불에 타서 풀어지고 물질이 뜨거운 불에 녹아지려니와 우리는 그의 약속대로 의가 있는 곳인 새 하늘과 새 땅을 바라보도다
> 벤후 3:12-13

하늘이 불에 타서 풀어지고 물질이 불에 녹아진 다음에 새 하

늘과 새 땅이 됩니다. 그러니까 현재의 땅과 우주는 불에 의해 파괴되고, 새로운 땅과 새로운 하늘이 새롭게 만들어지는 것입니다.

역사를 보면, 첫 번째 땅은 어떻게 멸망했나요? "이로 말미암아 그때에 세상은 물이 넘침으로 멸망하였으되"(벧후 3:6)라는 말씀에서 알 수 있듯이, 노아의 홍수 때 물로 멸망했습니다. 그럼 지금 우리가 살고 있는 두 번째 땅은 무엇으로 멸망할까요? 불로 멸망할 것이라고 성경은 말합니다.

> 이제 하늘과 땅은 그 동일한 말씀으로 불사르기 위하여 보호하신
> 바 되어 경건하지 아니한 사람들의 심판과 멸망의 날까지 보존하
> 여 두신 것이니라 벧후 3:7

그렇다면 물과 불 중에서 어느 것이 훨씬 더 크고 강력한 변화를 가져올까요? 불입니다. 앞으로 이 세상은 불로 멸망할 것입니다. 영원히 죄악을 제거한다는 점에서, 불로 정결케 하는 것은 홍수보다 더 철저합니다.

그런데 여기서 불은 우리가 알고 있는 불과는 다를 것입니다. 하늘과 땅이 녹아 버릴 정도이니 어마어마한 온도가 아니겠습니까. 그래서 어떤 사람들은 아마도 핵분열 같은 초고온 상태를 통해 땅과 하늘이 불에 녹아 버리고 모든 것의 종말이 이루어질 것이라고 추측하는데, 그것은 하나님의 영역이기에 확실히 알 수는

없습니다.

그런데 노아 홍수 때 첫 번째 세상이 물로 심판받았지만, 홍수 후에 세상이 완전히 사라졌나요? 아닙니다. 노아의 가족 8명도, 산과 강과 들도 그대로였습니다. 홍수에 잠겨 사라진 것도 있었지만, 기본 틀은 그대로였습니다. 홍수 이전과 이후에 연속성이 있다는 의미입니다.

새 하늘과 새 땅도 그렇습니다. 하나님이 물 심판으로 땅을 영원히 버리지 않으셨듯이, 불 심판을 통해서도 하나님이 이 땅을 완전히 버리시는 것이 아닙니다. 마치 우리 몸이 새로운 몸으로 부활하듯, 옛 땅도 부활하여 새 땅이 되는 것입니다. 영원하고 완전한 땅과 하늘이 되는 것입니다. 부활의 몸이 이전보다 훨씬 뛰어난 새로운 창조의 몸이 되는 것처럼, 새로운 땅과 하늘도 죄와 부패로부터 완전히 벗어나 더 아름답고 풍요롭고 완전한 모습으로 재창조된 우주가 됩니다. 그곳이 바로 새 하늘과 새 땅입니다.

새 하늘과 새 땅은 지금의 하늘과 땅과 연속성이 존재합니다. 새 땅은 옛 땅과 관계가 있습니다. 여전히 땅인 것입니다. 땅이 변하고 부활하지만 그것은 여전히 땅이고, 구원을 통해 거듭난 사람들이 과거의 자신과 연속성을 유지하는 것처럼 세상도 과거의 세상과 새로운 세상이 연속성을 가질 것입니다.

그러므로 새 하늘과 새 땅은 어떻게 생겼을까요? 새로운 육체와 매우 비슷할 것입니다. 부활한 내가 여전히 나이듯이, 새 하늘과 새 땅은 이 땅보다 월등하지만 이 땅의 모습과 비슷할 것입니다.

그런데 새 하늘과 새 땅의 이야기는 요한계시록에 처음 나오는 것이 아닙니다. 하나님이 원래부터 가지고 계신 구원 계획이었습니다.

천지는 없어지려니와 주는 영존하시겠고 그것들은 다 옷같이 낡으리니 의복같이 바꾸시면 바뀌려니와 시 102:26

하나님은 온 우주를 마치 낡은 옷처럼 바꿀 것이라고 말씀하셨습니다.

보라 내가 새 하늘과 새 땅을 창조하나니 이전 것은 기억되거나 마음에 생각나지 아니할 것이라 사 65:17

하나님은 하늘과 땅을 변화시켜 새 하늘과 새 땅을 만들겠다고 말씀하셨습니다. "이전 것은 기억되거나 마음에 생각나지 아니할 것이라"라는 말씀에서 알 수 있듯이, 새 하늘과 새 땅의 아름다움과 영광은 옛 하늘과 옛 땅과는 비교할 수 없을 정도로 탁월할 것입니다.

내가 지을 새 하늘과 새 땅이 내 앞에 항상 있는 것같이 너희 자손

과 너희 이름이 항상 있으리라 여호와의 말이니라 사 66:22

새 하늘과 새 땅은 하나님 앞에서 영원히 사라지지 않을 것이고, 그곳에서 살아가는 하나님의 자녀들도 영원할 것입니다. 이 같은 사실이 성경에 이미 다 예언되어 있습니다. 이것은 하나님의 계획일 뿐 아니라 이 세상의 모든 피조물도 그날을 고대한다고 성경은 말합니다.

그 바라는 것은 피조물도 썩어짐의 종노릇한 데서 해방되어 하나

님의 자녀들의 영광의 자유에 이르는 것이니라 롬 8:21

피조물도 죄 때문에 시달려 빨리 하나님의 자녀들의 부활이 일어나기를 바라고 있다는 것입니다. 성도들뿐 아니라 세상 만물도 새로운 부활을 갈망합니다. 모든 피조물이 탄식하며 목마르게 구원을 기다리고 있습니다. 사람들이 부활하는 날을 기다립니다. 왜냐하면 피조물은 인간을 따라가게 되어 있기 때문입니다. 인간이 죄를 지으면 피조물도 탄식하고, 인간이 부활할 때 모든 피조물과 하늘과 땅도 새로워지는 까닭입니다. 이것이 하나님의 약속입니다. 아주 멋지고 상상을 초월하는 새 하늘과 새 땅이 이루어질 것입니다.

그런데 새 하늘과 새 땅으로 끝이 아닙니다. 새 하늘과 새 땅
에서 부활의 몸을 가지고 산다는 생각만 해도 좋은데, 새 하늘과
새 땅 위로 무엇이 옵니까?

> 또 내가 보매 거룩한 성 새 예루살렘이 하나님께로부터 하늘에서
>
> 내려오니 그 준비한 것이 신부가 남편을 위하여 단장한 것 같더
>
> 라 계 21:2

사람의 손으로 짓지 않은, 하나님이 직접 설계하시고 만드신
아름답고 거룩한 성 새 예루살렘이 하늘에서 내려옵니다. 새 예루
살렘은 하나님이 자녀인 우리가 오기를 기다리며 오랫동안 준비
하신 곳입니다.

이런 생각을 해 보세요. 사랑하는 자녀들이 멀리 떠나서 너무
나 고생을 하고 있습니다. 언젠가 데려와야 합니다. 기다리는 부
모의 마음이 어떻겠습니까? 돌아올 자녀들을 위해 예쁜 집을 짓
고 아름다운 정원을 만들며 '어서 고생 끝내고 오너라' 하고 기다
리고 있을 것입니다. 이것이 하나님의 마음입니다. 하나님이 우
리와 함께 살려고 친히 설계하시고 하나님의 손으로 직접 만드
신 거룩한 성 새 예루살렘이 새 하늘과 새 땅으로 내려오는 것입
니다.

그런데 새 하늘과 새 땅이 마치 무엇과 같다고 말합니까? "그 준비한 것이 신부가 남편을 위하여 단장한 것 같더라"라고 합니다. 신부가 신혼살림을 준비한다고 생각해 봅시다. 신혼살림의 특징이 무엇일까요? 첫째, 새것입니다. 둘째, 최고의 정성을 들여 마련한 가장 좋은 것입니다.

여기서 하나님이 신부가 아니신데 왜 혼수 얘기를 하시는지 의아합니다. 오늘날 혼수는 돈으로 사면 되지만, 옛날에는 그렇지 않았습니다. 집안에 딸이 태어나면 그때부터 매년 목화를 따서 항아리에 모아 두었다가 장성해 시집갈 때 그 목화로 솜을 틀어서 이불을 만들어 보냈습니다. 이것이 혼수입니다. 이제 하나님이 얼마나 오래 정성껏 준비하셨는지 이해가 되십니까?

이 땅은 6일 만에 창조되었습니다. 그런데 하늘에서 내려오는 거룩한 성 새 예루살렘은 하나님이 얼마 동안 만드셨을까요? 물론 우리는 알 수 없습니다. 그러나 "내가 너희를 위하여 거처를 예비하러 가노니"(요 14:2)라는 예수님의 말씀을 근거로, 아무리 짧게 잡아도 예수님이 승천하신 이후부터 재림하실 때까지니까 2,000년은 넘지 않았습니까? 그 기간 하나님이 얼마나 아름답게 성을 만드셨을까요.

하나님이 우리와 함께 영원히 살려고 정성껏 만드신 거룩하고 아름답고 완전한 도성 새 예루살렘이 내려올 것입니다. 즉 새 하늘과 새 땅 한가운데 새 예루살렘이 내려와 영원한 천국의 수도가 되는 것입니다. 그곳이 하나님과 우리가 영원히 거할 완벽한 처소입니다. 이것이 천국의 구조입니다. 천국의 구조를 정리하면 이렇습니다.

새 하늘과 새 땅＋거룩한 성 새 예루살렘

그런데 새 예루살렘의 한가운데 무엇이 있습니까?

내가 들으니 보좌에서 큰 음성이 나서 이르되 계 21:3

하나님의 보좌가 있습니다. 하나님이 임재해 거하시는 보좌가 한가운데 있고, 새 예루살렘이 있고, 그 주위에 새 하늘과 새 땅이 끝없이 펼쳐지는 것이 천국의 구조입니다. 그러니까 천국은 지금까지 대립되었던 하늘과 땅이 만나고 하나님과 인간이 함께 사는, 거룩하고 장엄하며 상상을 초월할 만큼 아름답고 넓은 곳입니다.

♦ **천국은 어디에 있으며, 어떤 곳인가** ◇◇◇◇◇◇◇◇◇◇◇◇◇◇

그렇다면 천국의 위치는 어디일까요? 우리가 하늘로 올라가는 것인가요, 아니면 하나님이 우리에게 내려오시는 것인가요? 어느 쪽입니까?

하나님은 먼저, 우리에게 꼭 맞는 살기 좋고 익숙한 새 하늘과 새 땅을 창조해 주십니다. 우리가 육체를 가진 존재이기 때문입니다. 그 후 새 하늘과 새 땅으로 하나님이 친히 만드신 새 예루살렘이 내려옵니다. 하나님이 우리와 함께 살려고 내려오시는 것입니다. 그리고 그곳에 하나님의 보좌를 펼치십니다. 새 하늘과 새 땅이 있고, 그곳으로 새 예루살렘이 내려오는 것입니다.

그러므로 천국은 땅에 있는 것입니까, 하늘에 있는 것입니까? 둘 다입니다. 이 세상은 완전히 새롭게 된, 더할 나위 없이 아름다운 땅과 하늘이 됩니다. 그리고 그 위에, 그 한가운데 하나님의 성, 사람의 손으로 짓지 아니한 하나님이 만드신 새 예루살렘이 내려옵니다.

따라서 천국에 간다는 것은 하나님이 하나님만을 위해 만드신, 우리에게는 잘 어울리지 않는 어떤 영적 세계로 올라가는 것을 의미하지 않습니다. 오히려 하나님이 우리를 위해 만들어 주신 곳이기 때문에 우리와 완벽하게 어울리는 세계로 하나님이 친히 오신다는 것을 뜻합니다.

하나님의 마음이 느껴집니까? 우리는 천국이라고 하면 너무 낯선 곳, 하나님이 계신 곳으로 우리가 올라가는 것이라고 생각하곤 합니다. 그렇지 않습니다. 하나님이 우리에게 완벽한 새 하늘과 새 땅을 주시고, 그곳으로 하나님이 오시는 것입니다. 그곳에 하나님의 보좌를 펼치시고 우리와 영원히 살려 하시는 것입니다.

그렇다면 천국에서 어떤 일이 일어날까요?

… 보라 하나님의 장막이 사람들과 함께 있으매 하나님이 그들과 함께 계시리니 그들은 하나님의 백성이 되고 하나님은 친히 그들과 함께 계셔서 계 21:3

천국에서는 하나님이 우리의 아버지가 되시고, 우리는 하나님의 자녀요 백성이 됩니다. 그곳에서 하나님은 "모든 눈물을 그 눈에서 닦아 주시니 다시는 사망이 없고 애통하는 것이나 곡하는 것이나 아픈 것이 다시 있지 아니하리니 처음 것들이 다 지나갔음이러라"(계 21:4)라는 말씀처럼 우리의 모든 눈물을 닦아 주십니다. 사망, 애통, 곡하는 것, 아픈 것 등은 낡은 세계의 부정적인 모습들입니다. 그런 것들이 전혀 없는 곳이 바로 천국입니다.

이 땅에서 우리가 가장 행복할 때가 언제입니까? 주님의 임재를 느낄 때, 하나님의 은혜를 깨닫고 감격할 때입니다. 그런데 그런 시간은 많지 않고 아주 가끔 일어나며, 그 강도도 아주 약합니다. 하나님이 정말 나를 사랑하시고 나를 꼭 안아 주시는 느낌, 그 감격을 경험해 보았습니까? 너무 좋아서 '죽어도 좋다!' 싶은 적은 거의 없을 것입니다. 있다 할지라도 그 시간을 일생 다 모아 봐야 몇 시간 되지 않을 것입니다.

그러나 새 하늘과 새 땅에서는 그렇지 않습니다. 하나님의 완전한 임재와 영광을 충만하게 경험하는 삶이 계속될 것입니다. 그곳에서 우리는 주님과 함께 살아갈 것입니다. 왜냐하면 천국은 하나님의 집이며, 우리는 하나님의 자녀들이기 때문입니다. 하나님의 집이 우리의 집입니다.

우리는 지금 충분히 거룩하지 않기 때문에 하나님을 만남으로써 느껴지는 영광과 기쁨을 상상하지 못합니다. 이것이 죄성을 가진 인간의 한계입니다. 그러나 하나님과 함께 거하고 하나님을 뵙는 것 자체가 기쁨입니다. 왜냐하면 하나님이 기쁨의 근원이시기 때문입니다. 죄인은 대개 죄가 있어야 재미있을 것이라고 착각합니다. 거룩하면 재미가 없다고 생각합니다. 그래서 죄를 묘사하라면 기가 막히게 잘하지만, 거룩함을 묘사하라고 하면 잘 못합니다.

C. S. 루이스는 악마의 생각을 묘사한《스크루테이프의 편지》(홍성사)라는 멋진 작품을 썼습니다. 루이스에게는 소원이 있었는데,《스크루테이프의 편지》와 반대의 입장에서 천사의 마음을 묘사하는 책을 쓰는 것이었습니다. 하지만 상상력의 한계로 실패했습니다. 존 밀턴(John Milton)은《실낙원》은 기가 막히게 집필했는데,《복락원》은 거기에 미치지 못했습니다. 단테(Dante Alighieri)는《신곡》에서 지옥과 연옥 장면을 탁월하게 묘사했는데, 천국에 대한 묘사는 그렇게 할 수 없었습니다.

왜냐하면 인간은 죄에 익숙하기 때문입니다. 죄를 상상하거나 악마를 묘사하기는 너무 쉬운데, 천사나 하나님의 거룩하심과 영광과 아름다움을 표현하는 데는 너무나 어려움을 느낍니다. 그러므로 우리는 천국의 거룩함과 영광, 그리고 천국에서 비롯된 기쁨이 얼마나 큰지를 상상하지 못합니다. 그렇다 보니 하나님과 함께 있다는 것이 얼마나 대단한 기쁨인지, 그 영광을 통해 누리는 즐거움이 얼마나 큰지를 이해하지 못하는 것입니다.

이 모든 것이 꿈만 같지요? '과연 믿을 수 있나? 거짓말이 아닌가?' 아닙니다. 정말입니다.

> 보좌에 앉으신 이가 이르시되 보라 내가 만물을 새롭게 하노라 하시
> 고 또 이르시되 이 말은 신실하고 참되니 기록하라 하시고 계 21:5

하나님은 새로운 창조를 약속하셨습니다. 창세기 1장 3절에서 하나님이 "빛이 있으라" 하시고 새로운 시작이 있었듯이, 하나님은 "내가 새로운 세상을 만들 것이다. 이 세상의 창조가 사실이었듯이, 새 하늘과 새 땅의 창조도 사실이다. 너희는 이 세상에서 살았듯이, 새 하늘과 새 땅에서 영원히 살게 될 것이다"라고 말씀하신 것입니다. 처음 하늘과 처음 땅을 창조하신 하나님이 새 하늘과 새 땅을 반드시 창조하실 것이라는 말입니다.

'신실하고 참되니'라는 말은 거짓말이 아니라 진짜라는 뜻입니다. '기록하라'라는 말은 이 일은 변하지 않으니 기록하고 확인하라는 의미입니다. 이 말대로 되는지, 안 되는지 대조해 보라는 것입니다. 이어지는 6절이 결론입니다.

또 내게 말씀하시되 이루었도다 나는 알파와 오메가요 처음과 마
지막이라 내가 생명수 샘물을 목마른 자에게 값없이 주리니 계 21:6

하나님이 "나는 알파와 오메가다. 시작이요 마지막이다. 이 모
든 과정은 복잡한 것 같지만 너희를 천국에 오게 하는 과정이라
는 사실을 기억하라. 결론은 천국이라는 것을 잊지 마라"라고 말
씀하신 것입니다. 다시 말해, 하나님이 지금 우리를 천국으로 인
도하고 계신다는 뜻입니다.

그러면 우리는 어떻게 해야 합니까? 천국에 가는 조건이 무엇
입니까? "생명수 샘물을 목마른 자에게 값없이 주리니"라는 하나
님의 말씀을 따라 천국을 목마르게 사모해야 합니다. 우리가 천국
을 사모하고 목말라하면 하나님이 우리의 아버지가 되어 주겠다
고 하신 것입니다. 이런 하나님이 계시고, 우리를 위해 예수님이
십자가에 죽으셨음을 알고 믿고 고백하고 사모하고 목말라하라
는 것입니다.

천국에 대한 목마름이 있습니까? 우리는 천국을 목말라해야
합니다. 하나님이 천국을 원하지 않는 자에게 그토록 귀한 천국을
왜 주시겠습니까. 그러므로 우리는 천국을 사모해야 합니다.

천국을 사모하면 인생이 변하게 되어 있습니다. 이 세상은 얼
마 남지 않았습니다. 자기 나이를 생각해 보십시오. 이 땅에서 얼
마나 더 살 것 같습니까? 우리가 죽은 다음에도 이 세상은 잠시

더 지속되겠지만, 분명한 사실은 언젠가 끝난다는 것입니다. 그러니 세상에 미련을 두고 '하루라도 더 살아야지' 하며 버둥거리는 것은 우리의 목적이 아닙니다. 우리에게는 새 하늘과 새 땅이 있고, 새 예루살렘이 있고, 하나님이 우리와 함께 계시는 그 나라가 약속되어 있습니다. 천국을 믿고 살아야 남은 시간을 의미 있게 살 수 있습니다.

"나는 집에 있어도 집이 그립다"라는 말이 있습니다. 아무리 좋은 곳에 있다 할지라도 사람은 또 무언가를 그리워하기 마련입니다. 진정한 내 집, 영원한 내 집, 정말 내 몸과 마음과 영혼이 갈망하는 집이 있다는 의미입니다. 그 집은 천국입니다. 정말로 내가 가야 할 곳, 영원히 살아야 할 그 집이 나에게 약속되어 있기 때문에 모든 인간은 집에 있어도 집이 그리운 것입니다.

하나님은 우리가 이 땅에 태어나서 먹고 살다가 죽으라고 창조하신 것이 아닙니다. 우리는 영원한 나라에서 영원한 기쁨을 누리라고 창조된 소중한 존재입니다. 우리가 갈 최종적인 장소는 새 하늘과 새 땅입니다. 역사의 최종 목적, 골인 지점은 새 하늘과 새 땅입니다. 새 하늘과 새 땅을 바라보고 사모하며 오늘을 살아가는 우리가 되길 바랍니다.

하나님 아버지!

하나님은 성경을 통해 천국의 구조와 위치를 다 가르쳐 주셨는
데, 우리는 그것을 모르고 우리 식으로 천국을 상상하며 살아왔
습니다. 새 하늘과 새 땅을 만드시고, 새 예루살렘과 함께 내려오
셔서 우리와 함께 영원히 살려고 계획하신 하나님, 감사합니다.
하나님이 계셔서 행복하고, 천국이 있어서 너무 기쁘고, 천국이
우리가 살 곳이라니 정말 감사합니다. 그 나라를 바라보고 목마
르게 사모하며 살게 하소서.

1 천국의 위치와 구조를 간단히 정리해 봅시다.

....

....

....

2 천국에서는 어떤 일이 일어날까요? 천국에서의 삶을 상상해

봅시다.

....

....

....

3 천국에 가기 위해 오늘 내가 해야 할 일은 무엇인가요? 내 삶

과 연관 지어 이야기를 나누어 봅시다.

....

....

....

천국은 어떤 모습일까

¹² 크고 높은 성곽이 있고 열두 문이 있는데 문에 열두 천사가 있고 그 문들 위에 이름을 썼으니 이스라엘 자손 열두 지파의 이름들이라 ¹³ 동쪽에 세 문, 북쪽에 세 문, 남쪽에 세 문, 서쪽에 세 문이니 ¹⁴ 그 성의 성곽에는 열두 기초석이 있고 그 위에는 어린양의 열두 사도의 열두 이름이 있더라 ¹⁵ 내게 말하는 자가 그 성과 그 문들과 성곽을 측량하려고 금 갈대 자를 가졌더라 ¹⁶ 그 성은 네모가 반듯하여 길이와 너비가 같은지라 그 갈대 자로 그 성을 측량하니 만 이천 스다디온이요 길이와 너비와 높이가 같더라 ¹⁷ 그 성곽을 측량하매 백사십사 규빗이니 사람의 측량 곧 천사의 측량이라 ¹⁸ 그 성곽은 벽옥으로 쌓였고 그 성은 정금인데 맑은 유리 같더라 계 21:12-18

이 장에서는 앞 장에서 살펴본 천국의 위치와 구조에 이어, 조금 더 구체적으로(물론 수박 겉핥기에 불과하지만) 새 예루살렘의 재질과 모양, 그리고 크기에 관해 성경에 묘사된 내용을 살펴보겠습니다.

여기서 우리가 기억할 것이 있는데, 어떤 것을 설명할 때는 당시 문화와 철학과 사고방식의 제약을 받게 된다는 점입니다. 하나님의 계시가 부족하기 때문이 아니라, 사람의 이해력의 한계 때문입니다. 만약 사도 요한이 오늘날 우리가 살고 있는 아파트나 하늘을 나는 비행기를 보고 묘사한다면 어떻게 설명하겠습니까? 매우 어려워서 그 시대의 용어와 문화를 기반으로 설명할 것입니다. 혹시 그가 매우 이상적인 사람이라서 오늘날의 용어로 설명한다 해도 당시 사람들은 이해하지 못할 것이고, 그래서 오해하고, 그 결과 폐기될 수도 있습니다.

그러므로 계시는 완벽할지라도 인간의 한계 때문에 그 시대의 문화, 철학, 지식에 비추어 이해되는 것이고, 다음 세대는 이전 세대의 문화 위에서 그것을 해석해야 합니다. 그러므로 우리가 성경에서 살펴보는 묘사는 당시의 세계관으로 본 천국입니다. 우리는 가능한 한 당시 묘사된 내용을 오늘의 용어로 이해하려고 노력해야 합니다.

◆ 새 예루살렘 조망도 ◇◇◇◇◇◇◇◇◇◇◇◇◇◇◇◇◇◇◇◇◇◇◇◇◇

먼저, 요한계시록 21장 10절에서 성령이 사도 요한을 성의 모습을 조망할 수 있는 높은 곳으로 안내하셨습니다.

> 하나님의 영광이 있어 그 성의 빛이 지극히 귀한 보석 같고 벽옥
>
> 과 수정같이 맑더라 계 21:11

사도 요한은 그곳에서 거룩한 성 예루살렘을 바라보며 하나님의 영광에서 나오는 빛이 귀한 보석과 벽옥과 수정 같다고 했습니다. 벽옥은 다양한 색상을 지닌 반투명체의 보석입니다. 성 전체가 찬란한 광채로 빛이 납니다.

크고 높은 성곽이 있고 열두 문이 있는데 문에 열두 천사가 있고
그 문들 위에 이름을 썼으니 이스라엘 자손 열두 지파의 이름들
이라 계 21:12

그곳에는 크고 높은 성곽이 있습니다. 가까이 다가가 보니 12개의 성문이 있는데 천사들이 지키고 있고, 문들의 이름은 이스라엘 12지파의 이름과 같습니다. 그리고 각 성곽의 기초석에는 12사도의 이름이 새겨져 있습니다(계 21:14). 12지파와 12사도의 이름이 있다는 것은 신구약의 결합을 의미합니다. 다시 말해, 이 성문으로 들어올 수 있는 사람들은 하나님의 택하심을 받은 자들이고, 더 나아가서 사도들이 전해 준 복음을 받아들인 사람들이라는 의미입니다.

크고 높은 성곽이 있다는 것은 안전하고 권위가 있다는 뜻입니다. 또한 12개의 성문이 있다는 것은 그 성의 규모가 엄청나게 크다는 것을 의미합니다. 이 세상 역사 속에서 12개의 성문이 있던 도시는 없었습니다. 조선 시대 한양에도 문이 4개였습니다.

또한 성문이 있다는 것은 사람들이 드나들 수 있다는 뜻입니다. 동서남북에 각각 3개씩 12개의 문이 있다는 것은 다양한 길이 있음을 말합니다(계 21:13). 어느 쪽에서든 들어오고 나갈 수 있습니다. 그곳은 우리가 살 곳이지만 우리는 그곳에만 머물러 있는 것은 아닙니다. 새 하늘과 새 땅은 넓고도 무한합니다. 마음대로 여행할 수 있고, 언제라도 성문을 통해 들어올 수도 있고, 나갈 수도 있습니다.

이제 성의 크기를 측량하는 내용이 나옵니다.

> 그 성은 네모가 반듯하여 길이와 너비가 같은지라 그 갈대 자로 그 성을 측량하니 만 이천 스타디온이요 길이와 너비와 높이가 같더라 계 21:16

모양은 정사각형인데, 정확하게 말하면 높이도 똑같으므로 정입방체 모양입니다. 수학과 과학에서는 가장 완벽한 도형이 원이라고 생각하지만, 이스라엘 사람들은 정사각형이 가장 완전한 도형이라고 여겼습니다. 즉 새 예루살렘은 가로, 세로, 높이가 같은, 균형 잡혀 있고 공평하고 규칙이 있는 가장 완전한 모양을 가진 도시라는 뜻입니다.

도시 한 면의 길이가 1만 2,000스타디온입니다. 1스타디온은 200m이므로 1만 2,000스타디온은 2,400km입니다. 가로, 세로,

높이가 각각 2,400km라면 어느 정도 규모일까요? 세계에서 가장 큰 도시인 미국 뉴욕만 한 도시가 7,000개 정도 들어갈 수 있습니다. 무슨 의미입니까? 역사 속에서 이보다 크고 화려한 도시는 없었다는 뜻입니다. 지금도, 앞으로도 이와 같은 도시는 없습니다. 가로, 세로, 높이가 각각 6,000리입니다. 상징적인 크기일까요? 아닙니다. 17절을 보면, 성곽을 측량하는 치수가 '사람의 측량' 단위라고 말합니다.

이런 넓이를 가진 도시에 사람들이 몇 명이나 살 수 있을까요? 110억 명이 충분히 살 수 있는 넓이라고 합니다. 우리가 사는 이 땅의 도시는 높아 봐야 100층에서 200층인데, 새 예루살렘의 높이를 층수로 계산하면 한 층당 4m로 계산해도 60만 층이 나옵니다. 이 높이는 대기권을 훨씬 넘어섭니다.

입방체인 새 예루살렘에 수많은 층이 존재하고, 수많은 황금길이 서로 가로지르며 놓여 있는 모습을 상상해 보십시오. 이처럼 새 예루살렘은 우리로서는 상상도 할 수 없이 넓고 크고 높고 화려한 어마어마한 도시입니다.

그 성곽을 측량하매 백사십사 규빗이니 계 21:17

성곽의 두께가 144규빗입니다. 1규빗이 50cm이므로 72m입니다. 두께가 그 정도니 어떤 것으로도 파괴하거나 무너뜨릴 수 없는 성입니다. 중국 만리장성은 그 위로 사람들이 걸어 다닐 수 있습니다. 만리장성의 폭은 약 10m이고, 고속도로의 폭은 약 30m입니다. 그런데 새 예루살렘 성곽 두께가 72m라니, 상상할 수가 없습니다. 게다가 1-2층이 아니라 60만 층이라니요!

"새 예루살렘 꼭대기에서는 공기가 부족해서 어떻게 살아요?" 이것은 저의 질문이 아니라, 어느 성도가 던진 질문입니다. 별 걱정 다 하지요? "다리가 아파서 어떻게 올라갑니까?"라고 질문하는 분도 있습니다. 부활의 몸이기에 하나님의 영의 법칙으로 동력을 공급받는다는 사실을 모르는 것입니다. 다시 말해, 이 육신의 현실에 꼭 붙들려서 제대로 상상을 못하는 것입니다.

상상력은 좋은 것인데, 상상이 잘못되면 망상(delusion)이 되어 버립니다. 망상은 잘못입니다. 많은 사람이 상상력이 부족하든지, 아니면 상상을 넘어 망상을 하는 것이 문제입니다. 아주 건전한 기초 위에서 올바른 상상은 꼭 필요합니다. 이런 도시를 상상할 수 있겠습니까? 새 예루살렘은 우리의 상상을 넘어서는 대단한 도시입니다.

새 예루살렘의 재료는 무엇일까요? 벽옥, 남보석, 옥수, 녹보석 등 모두 다 보석입니다(계 21:18-21). 이 세상에서 아무리 좋은 건물이라고 해도 보석으로 지은 건물은 없습니다. 세계적으로 유명한 궁전이나 성당을 가 보면 건물의 아주 일부분을 보석으로 장식한 경우가 있습니다. 그런 건물도 지금으로서는 천문학적 비용이 들어가기에 만들 수가 없습니다. 그런데 새 예루살렘은 한 개의 건물이 아니라, 그 어마어마한 도시 전체가 다 보석으로 만들어져 있습니다. 찬란한 광채가 곳곳에서 반사되고, 하나님의 영광이 보석에 반사되어 아름다움과 존귀함을 한없이 드러냅니다.

누군가 우리에게 이런 장면을 보여 주고 설명하라면 어떻게 하겠습니까? 만약 제가 천국을 보았다면 이만큼도 설명을 못할 것입니다. "와, 너무 좋다!" 하고는 끝일 것입니다. 보석의 이름을 알아야 설명이라도 할 수 있지 않겠습니까. 보석을 아니까 이만큼이라도 설명한 것입니다. 여기 등장한 보석들은 이 세상에서 볼 수 있는 보석들로 표현한 것입니다. 그러니까 실제는 이보다 더 좋을 것입니다. 그런데 요한이 자신이 알고 있는 보석만 가지고 설명하니까 한계가 있는 것입니다.

저는 이 말씀을 읽다가 '세상에서 돈 자랑 하면 안 되겠구나'라는 생각이 들었습니다. 새 예루살렘에서는 황금이 길바닥에 깔려 있어서 밟고 다닙니다. 그런데 이 땅에서 황금에 눈이 멀어 천국을 바라보지 못하고 천국을 잃어버리는 사람이 얼마나 많습니까. 돈이 좀 있으면 사람이 변합니다. 하나님이 없어도 살 것 같습니다. 얼마나 미련한 일입니까! 그래선 안 됩니다.

새 예루살렘은 이 세상 어떤 도시에도 견줄 수 없습니다. 그 도시를 설명하기에는 우리의 언어가 너무나 빈약합니다. 새 예루살렘은 얼마나 아름답고, 얼마나 신기하고, 얼마나 놀라운지요!

요한은 성의 겉모습을 간단히 보고 나서, 그다음에는 성안을 잠깐 소개시켜 주었습니다. 눈에 띄는 특징을 설명했는데, 중요한 것은 천국에도 없는 것이 있다는 사실입니다. 나쁜 것이라면 당연히 없어야겠지만, 좋은 것인데도 없는 것이 있습니다. 두 가지만 꼽겠습니다.

첫째, 천국에는 성전이 없습니다.

성안에서 내가 성전을 보지 못하였으니 이는 주 하나님 곧 전능하신 이와 및 어린양이 그 성전이심이라 계 21:22

천국에는 성전이 없다니, 너무나 충격적이지 않습니까! 천국에서는 날마다 예배만 드리는 것 아닌가요? 아닙니다. 천국에는 성전 자체가 없습니다. 성전은 이 땅에만 있는 것입니다.

우리가 성전에 왜 가지요? 하나님을 만나기 위해서입니다. 성전이 필요한 이유는 하나님을 만나기 위해서입니다. 구별된 공간으로 가서 마음을 모아 예배하고 기도하고 말씀을 듣는 등 하나님을 만나기 위한 공간이 성전입니다. 그런데 천국에서는 하나님이 우리와 함께 계십니다.

그리고 새 예루살렘의 모양 자체가 정방형인 데 주목해야 합니다. 지성소의 모습도 가로, 세로, 높이가 같습니다. 새 예루살렘이 바로 지성소라는 의미입니다. 아주 커다란 지성소인 것입니다. 하나님이 계시는 곳입니다. 그 성에서 언제나 하나님과 함께 있는데, 하나님을 늘 만날 수 있는데 성전이 무슨 필요가 있을까요.

둘째, 천국에는 태양과 달이 없습니다.

> 그 성은 해나 달의 비침이 쓸데없으니 이는 하나님의 영광이 비치고 어린양이 그 등불이 되심이라 계 21:23

태양와 달이 없으니 천국은 캄캄할까요? 아닙니다. 천국에는 빛이 없는 것이 아니라, 하나님 자체가 빛이십니다. 태양빛은 하나님이 만드신 피조물 중에 지극히 작은 것입니다. 그러므로 하나님의 영광의 빛은 태양의 빛과는 수준이 달라도 아주 다릅니다. 창조되지 않은 빛과 창조된 빛은 차원이 다른 것입니다. 새 예루살렘은 하나님의 영광으로 찬란히 빛나기 때문에 태양빛이 감히 끼어들 수 없습니다. 아마도 태양이 말을 한다면, "나의 빛은 빛 자체이신 하나님 앞에서 부끄러워 얼굴을 내밀 수도 없습니다"라고 할 것입니다.

온 도시가 하나님의 영광으로 찬란하게 빛납니다. 그러니 얼마나 밝고 거룩하고 아름답겠습니까! 천국은 이처럼 하나님의 영광으로 빛나는 곳입니다. 상상이 되십니까? 신학자 세이스(J. A. Seiss)는 《The Apocalypes》(Zondervan)에서 새 예루살렘의 영광을 이렇게 묘사했습니다.

> 천국의 빛은 물질의 연소를 통해서 발생하는 빛이 아니다. 그것
> 은 타고 나면 다시 공급해야 하는 연료에서 나오는 빛과는 다
> 르다. 창조되지 않은 빛, 즉 하나님의 빛이 영원한 등불이신 어린
> 양을 통해 영화롭게 된 성도들의 거처와 마음과 생각을 비추어
> 줄 것이다. … 이사야는 새 예루살렘이 임할 때를 바라보며 "달
> 이 수치를 당하고 해가 부끄러워하리니"(사 24:23)라고 말했다.
> 그것들이 부끄러워하는 이유는 새 예루살렘에서 비치는 영광스
> 러운 광채 때문이다.

♦ **우리가 꿈꾸던 완벽한 곳** ◇◇◇◇◇◇◇◇◇◇◇◇◇◇◇◇◇◇◇◇◇◇

새 예루살렘이 얼마나 역동적인 도시인가를 보여 주는 구절
이 이어집니다.

> 사람들이 만국의 영광과 존귀를 가지고 그리로 들어가겠고 계 21:26

사람들이 만국의 모든 영광과 존귀를 가지고 새 예루살렘으
로 들어간다는 것입니다. 그러므로 새 하늘과 새 땅에는 많은 나
라가 있습니다. 새 예루살렘은 천국의 수도입니다. 모든 나라의
모든 사람이 그곳을 드나듭니다. 활발한 교류가 이루어지고, 아름

답고 귀한 물건들이 매매되고, 모든 문화와 기술과 산업이 존재합니다. 새 예루살렘은 인간의 모든 문명과 과학적 기술을 가지고도 감히 꿈꾸거나 비교할 수 없을 만큼 화려하고 세련된 곳임을 알 수 있습니다.

그런데 초호화 도시는 좋지만, 사람에게는 그것만 있어선 안 됩니다. 물과 나무와 숲, 즉 아름다운 전원이 필요합니다.

또 그가 수정같이 맑은 생명수의 강을 내게 보이니 하나님과 및 어린양의 보좌로부터 나와서 길 가운데로 흐르더라 강 좌우에 생명나무가 있어 열두 가지 열매를 맺되 달마다 그 열매를 맺고 그 나무 잎사귀들은 만국을 치료하기 위하여 있더라 계 22:1-2

생명수의 강이 흐르고 생명력이 약동합니다. 이것 없이는 아무리 도시가 보석으로 이루어졌다 해도 무의미합니다. 성의 한가운데 크고도 맑은 강이 있고, 그 발원지는 하나님과 어린양의 보좌입니다. 얼마나 맑고 깨끗할까요! 그 강은 결코 그치거나 마르지 않는 강으로서, 생명수가 흘러넘칩니다. 그리고 강의 좌우에는 생명나무의 열매가 열립니다. 열매만 있는 것이 아니라 잎사귀도 있는데, 그 잎사귀는 만국을 소생시키는 약이 됩니다.

우리나라 사람들은 잎사귀에 대해서는 별로 감흥이 없습니다. 그런데 이스라엘은 더운 지방이라 잎사귀를 무척 좋아합니다. 잎사귀가 드리워 주는 그늘만 있어도 좋은데, 그곳에서 시원한 물을 마시는 것입니다. 그리고 그 잎사귀는 만국을 소생시키는 치료약입니다. 사람들이 원하는 것, 즉 생명수 강과 좋은 나무의 열매와 모든 사람을 치료하고 회복시키는 잎사귀가 가득한 그늘이 그곳에 다 있습니다.

그리고 달마다 다른 과실이 열립니다. 이 땅의 과실나무에는 1년에 한 종류의 열매만 달립니다. 그 나무가 살아 있는 한평생 한 종류의 열매밖에는 못 맺습니다. 그런데 새 하늘과 새 땅은 얼마나 풍요로운지, 열매가 매달 바뀝니다. 농약과 비료도 사용하지 않으니 얼마나 맛있을까요. 나이가 들어 이가 시리거나 잇몸이 약해 과일을 제대로 씹지도 못하는데, 뛰어난 감각을 가진 건강한 부활의 몸으로 그 과일들을 맛보게 되니 그 맛이 얼마나 좋겠습니까! 이처럼 천국에는 먹을수록 생명이 넘쳐흐르는, 먹을수록 회복되는 것들로 가득합니다. 생각만 해도 행복하지 않습니까.

그래서 새 예루살렘은 완벽하게 화려한 도시인 동시에, 아주 완벽하게 전원적인 곳입니다. 새 예루살렘은 도시와 숲과 강과 나무와 과실수들이 어우러진 곳으로서, 그야말로 모든 것이 충만한 곳입니다.

또한 천국은 매우 넓습니다. 도시 한 부분만 보여 주어서 그렇지, 조금만 밖으로 나가면 꽃으로 가득 찬 들판과 아름다운 숲과 계곡이 끝없이 펼쳐질 것입니다. 또한 많은 짐승도 있습니다. 천국에서는 사자와 어린양과 표범과 이리가 모두 다 완전한 화합을 이루어 평화로이 놉니다(사 11:6-7). 숲속은 온통 영광의 빛으로 환하게 빛이 납니다. "참 아름다워라 주님의 세계는"(새찬송가 478장)이라는 찬송이 저절로 나올 것입니다.

우리는 예수님과 함께 생명수 강가를 걸으면서 우리의 인생에 역사하신 하나님, 그렇게도 이해할 수 없었던 삶의 신비들과 하나님의 섭리에 대하여 예수님의 설명을 듣게 될 것입니다. 그리고 생명나무 열매를 함께 먹을 것입니다.

새 예루살렘은 상상을 초월할 만큼 아름답고 거룩하고 멋진 곳이라, 우리는 이렇게 외칠 수밖에 없을 것입니다.

"정말 이런 곳에서 살고 싶었어. 이곳이야말로 바로 내가 꿈꾸던 곳이야!"

이 세상의 좋은 집은 처음에는 감탄을 해도, 살다 보면 지루해지고 무덤덤해집니다. 그러나 천국은 그렇지 않습니다. 영원히 지루하지 않고 감격스러운 곳입니다.

하나님 아버지!

성경이 말하는 새 예루살렘은 우리의 상상력으로는 다 상상할 수 없을 만큼 너무나 아름답고 좋은 곳입니다. 주께서 우리를 위해 직접 만드신 천국, 우리의 모든 소원이 해결되는 곳, 주님과 함께 영원히 살게 될 그곳이 우리의 진정한 집임을 깨닫고 천국을 기대하며 살아가게 하소서. 멀어져 가는 이 땅을 안타까워하지 말고, 우리에게 약속된 그 나라를 사모하며 살게 하소서. 우리의 목적지가 천국인데, 이 땅만 바라보는 우리를 불쌍히 여겨 주소서. 주신 생명을 가지고 열심히 살아가되, 우리의 목적지를 잊지 않게 하소서.

1 천국의 모습 중 가장 놀랍거나 마음에 와 닿는 것에 대해 이야기를 나누어 봅시다.

----

2 천국의 모습을 알려 주신 하나님이 천국의 모습을 통해 우리에게 궁극적으로 하시고자 하는 말씀은 무엇인가요?

Chapter 6

천국에서는 무엇을 하는가

◇◇◇◇◇◇◇◇◇◇◇◇◇◇◇◇◇◇◇◇◇◇◇◇◇◇◇◇◇◇◇◇◇◇◇◇

³ 다시 저주가 없으며 하나님과 그 어린양의 보좌가 그 가운데에 있으리니 그의 종들이 그를 섬기며 ⁴ 그의 얼굴을 볼 터이요 그의 이름도 그들의 이마에 있으리라 ⁵ 다시 밤이 없겠고 등불과 햇빛이 쓸데없으니 이는 주 하나님이 그들에게 비치심이라 그들이 세세토록 왕 노릇 하리로다 계 22:3-5

"천국에서 무슨 일을 하는가?"

이 질문은 아주 의미심장합니다. 이 말은 우리가 천국에서 일을 해야 한다는 말입니까, 하지 않아야 한다는 말입니까? '일을 해야만 한다. 그런데 어떤 일을 하는지 궁금하다'는 말입니다. 왜 이런 질문이 생기는 것일까요? 천국에서 우리는 몸이 없는 상태라고 생각하기 때문입니다. 그러나 앞서 언급했듯이, 천국에서 우리는 몸이 없는 존재가 아닙니다. 부활한 몸, 더 완전한 몸을 가지게 됩니다. 그러므로 우리는 몸을 가지고 할 일이 많습니다.

천국에서 우리가 해야 할 일이 많지만, 이해하기 쉽게 구분해서 세 가지만 살펴보겠습니다.

♦ **천국에서 하는 일 1. 섬김** ◇◇◇◇◇◇◇◇◇◇◇◇◇◇

천국에서 하는 첫 번째 일은 섬기는 일입니다.

> ⋯ 그의 종들이 그를 섬기며 계 22:3

혹시 이 말씀을 읽고 '섬기는 일을 한다고? 나는 싫어. 이 세상에서도 종처럼 살았는데, 천국에 가서도 종처럼 일한다니! 나는 대접받으며 살고 싶다. 천국에서는 일하지 않고 놀고 지내는 줄 알았는데!'라고 생각하는 분이 있을지 모르겠습니다.

일의 본질이 무엇이라고 생각하나요? 일에서 섬김이 빠지면 일이 아닙니다. 우리는 섬긴다는 말을 잘 이해해야 합니다. 우리는 섬긴다고 하면 일단 하기 싫은 일이라고 치부합니다. 지위가 낮은 사람이 윗사람을 위해 억지로 하는 일, 손해 보는 일이라고 여깁니다. 그래서 '섬기기보다는 섬김을 받고 싶다'고 생각하는 것입니다.

'노동의 소외'라는 매우 중요한 개념이 있습니다. 일을 하긴 하는데 보람도 없고 힘만 듭니다. 먹고살기 위해서 억지로 일하지만 기쁨과 즐거움도 없고, 지치고 피곤하기만 합니다. '언제까지 이 일을 하며 살아야 하나? 빨리 그만두고 싶다' 하며 자신과 일이 분리된 상태가 바로 노동의 소외 현상입니다. 노동의 소외 현상은 죄에서 비롯했습니다.

원래 일이란 즐겁고 보람된 것입니다. 하나님은 에덴동산에서 사람에게 매우 중요한 일을 주셨습니다.

> 생육하고 번성하여 땅에 충만하라, 땅을 정복하라, 바다의 물고기
> 와 하늘의 새와 땅에 움직이는 모든 생물을 다스리라 창 1:28

일을 통해 자기의 재능을 드러내고, 보람과 열매가 있고, 더 나아가 자기를 실현하고, 사람들에게 유익을 주고, 하나님께 영광을 돌릴 수 있다면, 그 일이 얼마나 좋은 일입니까. 일보다 행복한 것이 없습니다. 일을 통해 자기의 존재 가치를 확인하고, 내가 필요한 사람이라는 가치감과 효용감을 느끼는 것은 정말 중요합니다.

가치 있고 즐거운 일, 하고 싶은 일을 하면서 보람되고 행복한 것을 '미학적 노동'이라고 합니다. 미학적 노동은 행복의 극치입니다. 그런데 일이 미학적 노동이 되려면 그 속에 자기를 드리는 것이 있어야 합니다. 그럴 때 섬김이 되는 것입니다. 즉 섬긴다는 것은 일을 하면서 자기를 드린다는 뜻입니다.

그런데 자기를 드리기 위해서는 자기를 깨뜨려야 합니다. 우리 모두에게는 자아가 있습니다. 자아가 나의 개성이고 정체성이기 때문에, 모든 사람에게는 자아가 반드시 있어야 합니다. 그런데 자아를 버리고 깨뜨릴 때 더 큰 자아로 성장합니다. 자아를 깨뜨리지 않으면 성장할 수 없습니다. 이런 의미에서 자아란 드리기 위해서 존재하는 것입니다.

아이에게도 자아가 있습니다. 그러니까 고집도 부리고, 성질도 내고, 때로는 떼도 쓰는 것입니다. 아이는 성장하려면 반드시 자아를 깨뜨려야 합니다. 그래야 뭔가를 배우고 받아들이면서 더 큰 자아, 더 성숙한 자아로 성장할 수 있습니다.

가정주부가 집에서 일하면서 남편을 섬기는 일은 매우 힘든 일입니다. 그런데 그 힘든 섬김을 통해 자기를 표현하고, 그 과정을 통해 성장하고, 그 과정을 통해 하나가 되고, 그 과정을 통해 필요한 존재가 되는 것입니다. 남편도 아내를 향해 마찬가지입니다.

자아를 깨뜨리고 자기를 드리는 것이 섬김인데, '나는 결코 나 자신을 깨뜨리지 않고, 아무에게도 나를 내주지 않을 거야' 하면서 자기를 깨뜨리고 드리는 것을 거부하는 사람이 있다면, 그는 지옥에 살고 있는 것입니다. 그런 사람은 발전하지 못하고 쓸모없는 사람이 됩니다. 그러므로 섬기지 않는 사람, 자기를 드리지 않는 사람, 대접만 받으려는 사람은 쓸모가 없습니다. 그런 사람들이 종종 하는 말이 있습니다.

"나를 알아주고, 나를 대접해 주고, 나를 높여 줘!"라는 말입니다. 그러나 이렇게 요구한다고 자기 가치가 올라가는 것이 아닙니다. 오히려 혐오감만 생겨납니다. 왜 그럴까요? 자기를 드리지 않기 때문입니다. 그러므로 정말 가치 있는 존재, 성장하는 존재가 되려면 자기를 깨뜨려야 하고, 자기를 드려야 합니다. 한마디로 섬겨야 합니다.

우리 인생의 목적이 무엇입니까? 그보다 먼저, 예수님은 왜 이 땅에 오셨습니까?

인자가 온 것은 섬김을 받으려 함이 아니라 도리어 섬기려 하고
자기 목숨을 많은 사람의 대속물로 주려 함이니라 마 20:28

예수님도 인간을 섬기러 이 땅에 오셨습니다. 섬김의 극치는 죽음입니다. 예수님이 우리에게 가르쳐 주신 인생의 목적은 섬김입니다. 그러니까 인생의 목적은 섬김이고, 그 섬김 속에는 자기를 깨뜨려서 드리는 부분이 있다는 것입니다. 그 과정을 통해 상대방과 마음이 연합되고, 더욱 성숙한 자아로 성장해 갑니다. 그러므로 섬김은 결코 낮은 사람의 일이 아닙니다. 높은 사람도 섬겨야 합니다. 각자 자기의 위치에서 섬김이 잘 이루어질 때 일이 즐거워집니다.

예수님도 섬기러 오셨고, 섬김의 극치인 십자가 죽음을 당하셨습니다. 자기를 깨뜨리고 내어주신 것입니다. 하나님도 아들까지 주시면서 우리를 섬기셨습니다. 그 결과, 우리가 살게 된 것입니다. 그러므로 섬김은 나를 살리고, 상대방을 살립니다. 섬김을 통해 생명이 이어지는 것입니다.

인생이 왜 공허할까요? 섬김이 빠졌기 때문입니다. 반대로 모든 일을 섬기는 마음으로 하면 세상이 어떻게 될까요? 완전히 달라질 것입니다. 섬기는 마음으로 일하면 얼마나 멋진 일이 되겠습니까. 그러므로 천국에서는 일을 안 하는 것이 아니라, 섬기는 일을 하는 것입니다.

본문에는 아주 신비한 말이 나옵니다.

> … 그의 종들이 그를 섬기며 … 그들이 세세토록 왕 노릇 하리로다 계 22:3, 5

'종'과 '왕'이라는 단어가 같이 나옵니다. 다시 말해, 종이 되는 동시에 왕이 되는 것(왕이 종처럼 섬기고, 동시에 그 종은 왕이 되는 것), 그것이 섬김입니다. 섬김과 왕 노릇이 하나 되는 세계가 천국입니다.

가정이 천국이 되는 방법이 무엇일까요? 아내가 남편을 섬깁니다. 형식적으로 불평하면서 섬기는 것이 아니라, 온 마음과 정성을 담아 최선을 다해 섬깁니다. 그때 아내는 남편으로부터 진정한 섬김을 받습니다. 서로 다 같이 왕이 되고, 동시에 서로가 다 같이 종이 됩니다. 그러면서 서로 행복한 곳, 그곳이 가정입니다.

천국은 놀고먹는 곳이 아닙니다. 놀고먹는 것, 할 일이 없는 것은 불행한 일입니다. 몸을 가진 우리는 일을 해야 하는데, 어떤 일을 합니까? 다양한 각자의 은사를 따라 섬기는 마음으로 일하는 것이 우리가 천국에서 할 일이고, 그 일은 그 자체로 축복입니다.

섬김을 받으려는 것은 타락한 인간이 원하는 것으로서, 이 땅에는 섬김을 받기만 하려는 사람이 많습니다. 그러나 가장 비참한 마음은 누가 가지게 될까요? 섬기지 않는 사람입니다. 왜냐하면 인간은 섬김을 통하여 자기 가치를 확인하게 되어 있기 때문입니다. 아무리 남들이 자기를 칭찬하고 아부해도, 하는 일이 없는 사람은 스스로 자기 가치를 느끼지 못해 비참해집니다. 이것이 섬기지 않는 자에게 주어지는 대가입니다.

정말로 행복한 사람은 누구일까요? 섬김의 기쁨을 아는 사람입니다. 섬기는 것을 알고, 섬기는 것을 기뻐하는 사람은 천국에 알맞은 사람입니다. 반면에 천국에 맞지 않는 사람은 누구일까요? 섬김을 받기 원하는 사람, 남들이 나를 위해 많은 것을 섬겨주기를 바라는 사람은 천국에 맞지 않는 사람입니다. 우리는 우리 삶의 스타일을 천국 체질로 바꾸어야 합니다. 천국에 합당한 자가 되기 위해서는 섬기는 자가 되어야 합니다.

♦ 천국에서 하는 일 2. 교제 ◇◇◇◇◇◇◇◇◇◇◇◇◇◇

천국에서 하는 두 번째 일은 교제하는 일입니다.

그의 얼굴을 볼 터이요 … 계 22:4

우리가 이 땅을 살아가면서 다른 사람과 교제하는 일은 얼마나 즐겁고 행복한 일입니까. 삶을 진정 풍요롭게 하는 일입니다. 누구를 만나느냐에 따라 우리 인생이 바뀝니다. 그래서 만남과 교제는 소중한 것입니다.

그렇다면 천국에서 우리는 누구와 교제를 할까요? 세상의 가족들과 친구들을 만날 수 있을까요? 물론입니다.

혹시 '안 돼! 나는 그 사람 보기 싫은데, 어떻게 영원히 보면서 살지? 그러면 나는 다시 불행해질 거야', 이런 걱정을 하는 분이 있을지 모르겠습니다. 하지만 걱정하지 마십시오. 왜냐하면 우리는 성장하게 되어 있고, 상처가 다 치료되기 때문입니다. 또한 하나님 앞에서 모두가 진정한 자기가 되기에, 상대방도 완전한 모습으로 개선되고 성장하고 완전해집니다. 따라서 서로를 아무리 자주 마주쳐도 괜찮습니다.

그리고 지금 우리는 그가 왜 그런 행동을 하는지 알지 못합니다. 그러나 천국에 가면 그 사람의 모든 과거를 알게 되기에 다 이해가 됩니다. 따라서 천국에서 만나고 싶지 않은 사람이 있다 하더라도 염려하지 마십시오. 오히려 서로를 향한 하나님의 완전한 뜻을 이해하고 그 모든 과정을 알게 되기에 만남을 통해 위로와 기쁨을 누릴 것입니다.

천국에 가면 가족과 친구, 더 나아가 노아, 아브라함, 베드로, 바울 같은 수많은 믿음의 영웅을 만나게 될 것입니다. 또한 나에게 직간접적으로 영향을 준 사람들과도 만나 교제하게 될 것입니다. 그들을 만나 감사하고, 그들이 경험했던 모든 감동적인 이야기를 함께 나누면서 깨달음을 얻게 될 것입니다. 하나님이 우리에게 주시는 면류관과 상급도 교제의 주제가 될 것입니다.

우리가 만나는 수많은 그리스도인의 이야기, 하나님을 향한 충성과 헌신의 이야기, 하나님이 그들에게 베푸신 놀라운 이야기 등이 우리를 감격하게 할 것입니다. 수많은 사람의 다양한 삶의 방식과 지혜가 우리를 자극하고 성장시킬 것입니다.

사람들과의 교제가 전부가 아닙니다. 가장 행복하고 놀라운 일, 최상의 기쁨은 하나님과의 지속적인 교제입니다. 천국을 정말 천국으로 만드는 것은 주님과의 교제입니다. 하나님과의 완전한 교제가 천국의 본질입니다. 하나님의 얼굴을 보며 교제하는 것, 그 극치가 예배입니다. 그러므로 예배는 교제의 극치입니다.

예배에 대한 오해가 많습니다. 교회에서 드리는 지루한 예배만 생각해서 그렇습니다. 그러나 진정한 예배는 지루할 수 없습니다. 우리는 예배를 통해서 하나님을 만나 교제합니다. 더 나아가 예배를 통해 내가 누구인지 알게 되고, 살아갈 힘과 의미와 가치를 깨닫습니다. 그러므로 예배는 가장 행복한 순간입니다. 동시에 진정한 예배는 우리의 삶에 반드시 필요한 시간입니다.

그렇다면 이 땅에서도 드리고, 하늘나라에서도 항상 드려야 하는 예배는 어떤 예배일까요? 지겨운 예배, 고문하는 듯한 예배가 아니라, 하나님의 얼굴을 뵙는 예배, 가장 큰 기쁨을 누리는 순간입니다. 그래서 예배는 교제의 극치이며, 동시에 섬김의 극치입니다. '섬김'은 영어로 '서비스'(service)인데, '예배'도 동일하게 'service'라고 합니다. 그러므로 예배에서 일과 교제는 서로 만납니다.

영화 "불의 전차"에 등장하는 주인공의 실제 모델은 육상 올림픽 금메달리스트로서 나중에 선교사로 헌신한 에릭 리델(Eric Liddell)입니다. 그는 우리가 어떻게 일을 통해 하나님께 영광을 돌릴 수 있는지를 보여 주었습니다. 리델은 누나에게 이렇게 말했습니다.

"하나님이 나를 빨리 달리도록 만드셨어. 나는 달릴 때마다 하나님의 기쁨을 느낄 수 있어. 그래서 달리기를 포기하는 것은 하나님을 무시하는 것과 같아."

내게 달릴 수 있는 은사를 주신 하나님이 내가 열심히 최선을 다해 달릴 때 기뻐하신다는 의미입니다. 내가 달릴 때 나도 행복하고, 하나님께는 영광이 돌아갑니다. 리델에게 있어서 달리는 일은 하나님을 섬기는 일이며, 동시에 하나님께 영광을 돌리는 예배였던 것입니다. 다시 말해, 우리가 우리 자신이 해야 할 일을 기뻐하며 최선을 다하는 순간이 예배입니다. 동시에 하나님과의 교제, 그분의 얼굴을 뵙는 것이 예배입니다. 교제의 극치요, 행복의 극치가 예배입니다.

그러므로 천국에서 예배드리는 것을 우리 식으로 아주 낮은 수준으로 생각해, '영원히 예배드리는 지겨운 일을 어떻게 감당하는가? 나는 그렇게는 못 산다. 차라리 지옥이 재미있지 않겠는가', 이런 생각을 해선 안 됩니다. 예배가 무엇인지 모르는 사람들, 죄인들이 하는 생각입니다. 우리는 천국에서 사람들과 교제하고 하나님과도 깊은 교제를 나누는 멋진 삶, 예배하는 삶을 살게 될 것입니다.

♦ **천국에서 하는 일 3. 성장**   ◇◇◇◇◇◇◇◇◇◇◇◇◇◇◇◇

천국에서 하는 세 번째 일은 성장하는 것입니다. 천국에서 우리는 배우고 성장합니다. 이 개념을 오해하는 사람들이 많습니다. 천국에 가면 완전한 인간이 되기에 더 이상 발전하거나 성장할 필요가 없어 배우고 성장하는 일이 모두 중단된다고 생각합니다.

그렇지 않습니다. 부활한 인간은 완전해져서 아무것도 할 필요가 없는 존재가 아닙니다. 지금보다 월등한 몸을 가진 존재가 되지만, 인간은 근본적으로 피조물입니다. 끝없이 배워야 하고 성장해야 합니다. 인간은 결코 창조주 하나님과 같을 수 없기에 끝없이 자라 가야 합니다. 영국 수상이었던 윈스턴 처칠(Winston Churchill)은 "내가 천국에 가면 우선 100만 년 동안 그림을 공부해서 미술의 뿌리까지 이해하고 싶다"고 말했습니다.

천국에는 책이 있을까요? 물론입니다. 도서관도 많을 것입니다. 우리의 행위들과 예수님에 관한 기록, 믿음의 사람들이 주님을 향하여 수고하고 예수님 때문에 고난받은 일들을 적어 둔책이 있을 것입니다. 우리는 그 책을 읽고 배우면서 영원히 하나님을 찬양할 것입니다. 그리고 인간은 끊임없이 진보할 것입니다. 천국에는 각 나라의 문화와 언어도 있을 것입니다(계 21:24).

또한 천국에서는 우리의 모든 재능이 증진될 것입니다. 예를 들어, 우리가 알고 있는 과학의 세계라는 것이 대단한 것이 아닙니다. 사람들이 크고 먼 우주를 연구하고, 아주 작은 미생물을 연구하고, 원자력과 반도체를 연구하고, 각종 기술을 개발해 내지만 하나님의 창조 비밀을 우리가 과학으로 다 알 수 있겠습니까. 겨우 하나둘 알아 가고 있을 뿐입니다.

연구하면 할수록 더 많은 창조의 비밀을 알게 되고, 그럴수록 우리는 더 놀라고, 하나님을 더 찬양하게 되고, 하나님께 영광을 돌리게 될 것입니다. 그럴수록 하나님은 더 기뻐하실 것입니다. 하나님께 영광을 돌리면 우리는 상대적으로 비참해집니까? 그렇지 않습니다. 하나님께 영광을 돌릴 때 우리는 감격하고 행복하고, 우리 역시 영광스럽게 됩니다.

예를 들어, 천국에서 한 박사가 하나님의 창조 세계의 비밀을 하나 더 발견했다고 합시다. 그가 연구 내용을 발표하면 많은 사람이 그 수고에 박수를 보내고, 다 함께 하나님께 영광을 돌리고, "주님의 높고 위대하심을 내 영혼이 찬양하네"(새찬송가 79장) 하며 하나님을 찬양할 것입니다. 이런 일을 하나님이 원하시는 것입니다. 이처럼 하나님께 영광을 돌릴 때 우리에게 얼마나 큰 감격이 넘쳐 나겠습니까. 이것이 예배입니다.

천국에서는 예배만 드리는 것처럼 느끼는 이유가 무엇입니까? 우리가 생각하는 주일예배, 수요예배, 새벽예배 등으로 모든 시간이 채워져 있는 것이 아니라, 섬김과 교제와 성장이 만나는 지점이 예배입니다.

인간은 배우는 것을 좋아합니다. 배움을 통해 성장하기 때문입니다. 하나님을 알아 가고, 하나님의 무한한 지식에 대해서 배워 갑니다. 그런데 그 분야와 내용이 얼마나 많은지요. 음악만 해도 너무 신기합니다. 소리의 비밀, 그 신비를 인간이 어떻게 다 알 수 있겠습니까. 미술도 색의 비밀이 얼마나 깊고 오묘한지 모릅니다. 맛의 비밀도 끝이 없습니다. 우주 속에 담긴 하나님의 지혜와 능력과 사랑을 발견하고, 이를 이용해 새로운 것을 만들어 내고, 사람들을 섬기고, 하나님께 영광을 돌리면서 무한히 뻗어 가는 곳이 천국입니다.

그러니 천국에서는 공부를 할까요, 안 할까요? 당연히 합니다. 우리가 흔히 "나는 공부하고는 상극이야. 공부는 나하고 거리가 멀어. 내 체질이 아니야"라는 말을 하는 이유가 무엇일까요? 시험 점수 때문에 억지로, 혼이 나면서 공부해서 그렇습니다. 진짜 자신이 알고 싶어서 하는 공부는 누구나 갈망합니다. 사람마다 각자 다 은사를 받았고, 그 은사를 따라 하나님의 창조 세계 속에서 그 분야를 확장시키는 사명을 부여 받았기 때문입니다.

♦ **천국에서 내가 할 일** ◇◇◇◇◇◇◇◇◇◇◇◇◇◇◇◇◇◇◇◇◇◇

많은 사람이 '천국에 가면 내가 할 일이 있을까? 이미 다 완성된 곳에서 내가 보탤 일이 있겠는가?'라고 생각합니다. 그렇지 않습니다. 천국에는 나만 할 수 있는 일이 존재합니다. 다음 질문에 답해 보십시오.

"세상에 나와 똑같은 사람이 있는가?"

답은 너무나도 당연하게 "없다"입니다. 그렇다면 세상에 나와 똑같은 사람이 왜 없는지, 그 이유를 신학적으로, 철학적으로, 사회학적으로 설명할 수 있습니까?

'모든 사람 각자가 다르다'는 말은 명확하게 이런 의미입니다. 첫째, 어느 누구보다도 내가 하나님을 더 기쁘시게 할 수 있는 부분이 있다는 의미입니다. 둘째, 그 누구보다도 내가 하나님을 더 잘 아는 부분이 있다는 의미입니다. 셋째, 내가 그것을 가지고 다른 사람을 섬길 수 있고, 하나님께 영광을 돌릴 수 있다는 의미입니다. 그러므로 우리는 하나님께 받은 은사를 개발할 필요가 있습니다. 그래서 천국에서도 배우고 성장하는 것입니다.

이 땅에서는 목구멍이 포도청이니 먹고살기 위해서, 자녀들을 공부시키기 위해서 싫어도, 몸이 아파도 억지로 일하다 보니 일이 비참하게 느껴집니다. 또한 서로 경쟁하면서 우월감과 열등감을 느끼기에 일이 피곤하고 지칩니다. 하지만 다른 사람과 다른 나만의 은사를 가지고 사람과 하나님을 섬기는 일을 한다면 얼마나 행복할까요. 내가 받은 은사에 감사하면서, 자기 자신을 드리는 마음으로 정성을 다해 일하며 다른 사람을 섬기고 하나님께 영광을 돌리는 일은 축복입니다.

그러므로 천국에는 할 일이 많습니다. 교제와 사귐도 풍성하고, 배우고 성장할 일도 많습니다. 천국은 이처럼 끝없이 발전하고 성장해 가는 아름다운 나라입니다. 시간이 흐를수록 그만큼 더 풍성해지고, 그만큼 더 감격하게 되고, 그만큼 더 하나님께 영광을 돌리게 되는 멋진 삶이 이루어지는 곳입니다.

이 세상의 성공과 명예와 성취는 잠깐의 만족밖에 주지 못합니다. 돈을 가지면, 지위가 높아지면, 그 사람을 소유하면 다 되리라 생각했는데, 아무리 많이 소유해도, 아무리 크게 성공해도 공허합니다. 왜일까요? 다 이루었는데 왜 텅 빈 느낌일까요? C. S. 루이스는《순전한 기독교》에서 이렇게 말했습니다.

피조물이 태어날 때부터 느끼는 욕구가 있다면 그 요구를 채워 줄 것이 있는 것은 당연하다. 아기는 배고픔을 느낀다. 이 세상에는 그들의 배고픔을 채워 줄 음식이 있다. 오리들은 헤엄을 치고 싶어 하는 본성을 가지고 있다. 그 본성을 채워 줄 물이 있는 것이다. … 내 안에 이 세상에 어떤 것으로도 만족시킬 수 없는 욕구가 있다면 그것은 내가 다른 세상을 위해 창조되었기 때문이라는 것이 가장 그럴듯한 설명이다. 이 세상에 즐거움은 원래부터 그 요구를 다 만족시키기 위해서가 아니라 단지 그 요구를 자극하고 진짜를 가르치기 위해 존재하는 것이다. 그것들은 기껏해야 복사본이나 신기루에 지나지 않는다. 세상의 것들은 언젠가 우리의 목마름을 궁극적으로 해결해 줄 그 영원한 나라가 있다는 것을 일깨워 주기 위해서 존재한다.

이 땅에서 느끼는 우리의 목마름, 이 땅에서 채워지지 않는 텅 빈 마음, 내 존재의 공허함은 결국 천국에서 채워진다는 의미입니다. 그러므로 그 나라를 갈망하라는 뜻이고, 천국에 가서야 완전한 만족을 경험하게 될 것이라는 말입니다. 그런 천국이 우리에게 약속되어 있습니다. 그러므로 우리는 영원한 것이 아닌 눈앞의 것, 일시적인 것만을 위해 살아서는 안 됩니다.

이제 우리의 마음을 어디에 두어야 할까요? 천국을 사모해야 합니다. 윌리엄 셰익스피어(William Shakespeare)는 "장난감 하나를 얻고자 영원을 팔아먹을 수는 없다"고 말했습니다. 맞습니다. 그럴 수는 없습니다. 이 땅이 전부가 아닙니다. 영원한 나라, 천국이 있습니다.

'오늘 내가 세상을 떠나면 하나님 품에 안길 수 있을까?'

우리는 이 생각을 해야 합니다. 그 방법은 내 수고나 선행이 아닙니다. 예수 그리스도입니다. 그러므로 우리는 이렇게 자문해야 합니다.

'나는 예수 그리스도를 진정 나의 구세주로 영접했는가?'

그리고 결심해야 합니다.

'나는 천국을 바라보며 살리라!'

나도 천국을 향해 걸어가야 하고, 다른 사람들도 천국에 갈 수 있도록 천국을 전하며 살아야 합니다. 우리 모두 천국을 향하여 힘차게 달려가는 하나님의 자녀들이 되기를 바랍니다.

하나님 아버지!

천국에서 우리는 정말 일다운 일, 섬기는 일을 할 것이라고 말씀

해 주셔서 감사합니다. 또한 천국에서는 멋진 교제가 이루어지

고, 주님을 향해 끝없이 배우고 성장하는 삶을 살게 된다는 것을

알게 하시니 감사합니다. 천국을 기대하며 남은 인생을 살게 하

소서.

1 천국에서 우리가 해야 할 일을 세 가지로 나누어 이야기해 봅시다.

....

....

....

2 천국에서의 일에 대해 내가 오해하고 있었던 것이 있다면 무엇인가요?

....

....

....

3 천국에 가서 내가 가장 잘할 수 있는 일과 꼭 하고 싶은 일을 한 가지씩 나누어 봅시다.

....

....

....

나가는 말

천국의 영광을 보여 주소서!

지금까지 천국에 대한 이야기를 아주 간단하게 소개했습니다. 혹시 마음속에 천국에 대한 이미지가 형성되고 천국을 기대하는 마음이 생겼나요?

우리에게 필요한 기도는 아주 많습니다. 기도에도 수준이 있는데, 크게 3단계로 나눌 수 있습니다.

1단계는 필요한 것을 구하는 기도입니다("Give me"). 이 기도는 나쁘거나 유치한 기도가 아닙니다. 주님도 우리에게 필요한 것을 아버지 하나님께 구하라고 하셨습니다. 그러나 이 기도가 기도의 전부는 아닙니다. 이보다 더 높은 차원의 기도가 있습니다.

2단계는 하나님의 인도하심을 구하는 기도입니다("Lead me, teach me"). 복잡한 인생을 살아가면서 하나님의 인도하심이 없다면 어떻게 바른길을 갈 수 있겠습니까. 하나님이 가르쳐 주지 않으시면 어떻게 올바른 선택을 할 수 있겠습니까. 그러므로 하나님의 인도하심을 받기 위한 기도는 우리에게 꼭 필요한 기도입니다.

　마지막으로 가장 높은 수준의 기도가 있습니다. 그것은 3단계, 하나님의 영광을 보여 달라는 기도입니다("Show me your glory"). 기도 중에 가장 깊은 기도, 가장 수준 높은 기도, 기도의 극치가 바로 "주님의 영광을 보여 주소서"라는 기도입니다. 이 기도는 하나님 그분을 구하는 기도이며, 하나님의 얼굴을 구하는 기도이며, 하나님의 임재를 갈망하는 기도입니다.

　모세는 출애굽기 33장에서 하나님께 기도를 드렸습니다. 가장 먼저, 이스라엘 백성을 인도할 때 자신과 함께 갈 자를 주시기를 기도했습니다(출 33:12). 그다음에, 길을 가르쳐 주시기를 기도했습니다(출 33:13). 마지막으로, 주의 영광을 보여 달라고 기도했습니다(출 33:18). 하나님은 모세에게 하나님의 영광을 보여 주셨습니다. 하나님의 영광을 보았을 때 모세에게는 더 이상 아무것도 필요하지 않았습니다. 무엇을 염려하겠습니까? 무엇을 두려워하겠습니까?

하나님의 영광을 보게 되면 이 땅의 것이 얼마나 하찮은지, 내가 얼마나 헛된 욕심에 붙들려 있는지, 내가 얼마나 삶의 에너지를 엉뚱한 곳에 쏟아붓고 있는지를 알게 됩니다. 하나님의 영광을 보게 되면 어떤 고난과 역경에도 흔들리지 않습니다. 아예 문제가 사라져 버립니다. 저는 이것이 이 시대 성도들에게 꼭 필요한 기도라고 믿습니다.

위대한 신앙의 사람들은 이런 기도를 드렸습니다. 그들의 관심은 세상이 아니라 하나님 그분이었습니다. 하나님은 그런 그들에게 하나님의 마음을 보여 주셨고, 따라서 그들이 당대에 하나님의 영광, 하나님의 마음을 전하는 도구가 되어 세상을 회복시켰던 것입니다.

이 땅에서 살아가지만 천국을 바라보고, 그 영광의 나라를 기대하는 것은 아주 소중한 일입니다. 왜냐하면 천국을 바라볼 때 이 세상을 넘어서는 사람이 되기 때문입니다. 그러므로 우리는 천국의 영광을 보여달라는 기도를 해야 합니다. 우리 모두 약속된 천국의 영광을 바라보며, 기쁨으로 그 나라를 향해 걸어가는 순례자가 되기를 바랍니다.

나가는 말 _____